T0208780

essentials

essentials liefern aktuelles Wissen in konzentrierter Form. Die Essenz dessen, worauf es als „State-of-the-Art" in der gegenwärtigen Fachdiskussion oder in der Praxis ankommt. *essentials* informieren schnell, unkompliziert und verständlich

- als Einführung in ein aktuelles Thema aus Ihrem Fachgebiet
- als Einstieg in ein für Sie noch unbekanntes Themenfeld
- als Einblick, um zum Thema mitreden zu können

Die Bücher in elektronischer und gedruckter Form bringen das Expertenwissen von Springer-Fachautoren kompakt zur Darstellung. Sie sind besonders für die Nutzung als eBook auf Tablet-PCs, eBook-Readern und Smartphones geeignet. *essentials:* Wissensbausteine aus den Wirtschafts-, Sozial- und Geisteswissenschaften, aus Technik und Naturwissenschaften sowie aus Medizin, Psychologie und Gesundheitsberufen. Von renommierten Autoren aller Springer-Verlagsmarken.

Weitere Bände in der Reihe http://www.springer.com/series/13088

Willibald Erk

Strategisches Controlling

Gänzlich ohne Zahlen

Springer Gabler

Willibald Erk
Würzburg, Deutschland

ISSN 2197-6708   ISSN 2197-6716   (electronic)
essentials
ISBN 978-3-658-21070-0   ISBN 978-3-658-21071-7   (eBook)
https://doi.org/10.1007/978-3-658-21071-7

Die Deutsche Nationalbibliothek verzeichnet diese Publikation in der Deutschen Nationalbiblio-
grafie; detaillierte bibliografische Daten sind im Internet über http://dnb.d-nb.de abrufbar.

Gedruckt auf säurefreiem und chlorfrei gebleichtem Papier

Springer Gabler ist ein Imprint der eingetragenen Gesellschaft Springer Fachmedien Wiesbaden
GmbH und ist ein Teil von Springer Nature
Die Anschrift der Gesellschaft ist: Abraham-Lincoln-Str. 46, 65189 Wiesbaden, Germany

Was Sie in diesem *essential* finden können

- Eine checklistenmäßige, systematische und branchenunabhängige Durchleuchtung sämtlicher Verantwortungsbereiche und Organisationseinheiten, die in einem Unternehmen vorkommen können, mit konkreten Verbesserungsvorschlägen, um Ihren Geschäftserfolg lang anhaltend zu verbessern.
- Auch als Leitfaden lediglich zum Überprüfen, ob keine Maßnahmen – auch wenn Ihre Unternehmen bereits gut aufgestellt ist – fehlen, die weitere Verbesserungen bewirken könnten. Dadurch bekommen Sie die Gewissheit und Bestätigung, dass Sie auf dem richtigen Erfolgskurs sind.
- Vorausschauende Zielsetzungen, Lösungen und Handlungen, welche die Arbeitsabläufe und Geschäftsprozesse bereichsübergreifend optimieren bzw. neu ausrichten und somit Schwachstellen vermeiden. Eine Ausschöpfung aller Innovationsmöglichkeiten und Rationalisierungspotenziale.
- Zahlenmäßige Auswertungen und Darstellungen aus Buchhaltung, Zeitaufschreibungen etc., wie im herkömmlichen Controlling, sind nicht Gegenstand dieses Essentials, dennoch werden die betriebswirtschaftlichen Zahlen nach den Empfehlungsumsetzungen, sobald die weichen Erfolgsfaktoren gegriffen haben, optimiert sein.

Vorwort

Viele – vor allem kleinere und mittlere Unternehmen – scheuen oft das herkömmliche Controlling mit dem komplexen Zahlenmaterial aus Buchhaltung, Zeitaufschreibungen und dergleichen.

Da die Philosophie des Controllings lautet: „Regeln und Steuern nicht nur mit Zahlen, sondern auch mit Fakten", schließt sie ein Controlling gänzlich ohne Zahlen nicht aus und kann sich daher ausschließlich auf Informationen und Erkenntnissen stützen. Man nennt dieses Verfahren „Strategisches Controlling".

Mittlerweile betrachten viele Unternehmer das Strategische Controlling nicht nur als das „Vornehmere", sondern vielmehr als das „Vorausschauendere", weil es in die Zukunft gerichtet ist. Es macht daher auf mögliche Schwachstellen rechtzeitig aufmerksam und generiert Handlungsanweisungen besser als das traditionelle, letztlich rückwärtsschauendes Controlling, das auf Daten aus dem Rechnungswesen und den statistischen Auswertungen der Vergangenheit basiert.

So schöpfen Sie als Unternehmer frühzeitig alle Chancen und Rationalisierungspotenziale, die in den Geschäftsbereichen und Organisationseinheiten noch verborgen sein können, voll und ganz aus und bekommen die Gewissheit, dass alle Prozesse nicht nur wirtschaftlich, sondern auch organisatorisch und technisch optimiert sind.

Setzen Sie daher die Empfehlungen zum Strategischen Controlling, die Ihnen der Autor als Leitfaden mit diesem Buch an die Hand gibt – sofern erforderlich – im vollem Umfang um, damit Sie Ihren Geschäftserfolg nachhaltig weiter verbessern.

Stehen Sie dabei als Firmeninhaber oder Geschäftsführer persönlich hinter den aus den Empfehlungen abgeleiteten Maßnahmen und sorgen Sie für deren Umsetzung.

Controlling sollte, ob mit oder ohne Zahlen und unabhängig von Branche und Betriebsgröße, ein fester Bestandteil jeder Unternehmensführung sein.

Ihnen wünsche ich eine erkenntnisreiche und gewinnbringende Lektüre.

Würzburg   Willibald Erk
im Frühjahr 2018

Inhaltsverzeichnis

Über den Autor

Willibald Erk absolvierte nach einer gewerblichen Lehre Fachschulen als Maschinenbautechniker, Betriebswirt und Industrieorganisator. Danach beschäftigt er sich mit dem Thema Kostenrechnung und Controlling und dies über 40 Jahre. Begonnen hatte er als Kalkulator für technische Produkte in einem mittelständischen Industrieunternehmen. Nach einigen Jahren kreierte er in diesem Unternehmen eine bis dato nicht vorhandene Stabsstelle für betriebswirtschafte Aufgaben, deren Leitung er übernahm. Im Laufe der Zeit führte er das eigentliche Controlling im gesamten Unternehmen ein, gehörte dann dem Führungskreis an und stieg zum Leitenden Angestellten auf.

Parallel dazu schrieb er das Fachbuch mit dem Titel „Kostenrechnung und Controlling – der sichere Weg zum finanziellen Unternehmenserfolg" mit einem durchgehenden Fallbeispiel aus der Praxis für die Praxis, das der Gabler-Wirtschaftsverlag, heute Springer Gabler, im Jahr 2004 mit der ISBN 978-3-409-12651-9 herausbrachte. Die digitalisierte eBook-Ausgabe (PDF) ist unter der ISBN 978-3-322-84553-5 erhältlich.

Nach dieser Buchveröffentlichung machte der Autor sich als Fachberater für Kostenrechnung und Controlling selbstständig. In der darauf folgenden Zeit, inzwischen über 10 Jahre, hat er viele Betriebe in allen Branchen beraten und gecoacht. Ebenso übernahm er als Interimsmanager für einen Insolvenzverwalter das Controlling bei Firmensanierungen und Unternehmensfortführungen.

Bei seiner Tätigkeit als selbstständiger Berater waren seine Gesprächspartner vorwiegend Firmeninhaber oder Geschäftsführer. Dabei zeigte sich häufig, dass vorwiegend Firmenchefs von kleineren und mittleren Unternehmen aus Zeit- und Kapazitätsgründen nicht selten größere Zahlenwerke von sich weisen, welche jedoch für ein herkömmliches Controlling eine unabdingbare Basis darstellen. Das veranlasste den Autor, dieses zweite Buch über Strategisches Controlling ohne Verwendung von Zahlen zu schreiben und Ihnen als eine Art Checkliste in die Hand zu geben, um Ihr Geschäft noch erfolgreicher zu gestalten, ausreichende und vor allem nachhaltige Gewinne zu erzielen sowie das Eigenkapital weiter zu erhöhen.

Einführung

1

Dieses Essential verzichtet gänzlich auf Darstellungen von Zahlen und deren Auswertungen, sondern bietet Ihnen stattdessen gezielte und prägnante Empfehlungen, getrennt nach Unternehmensbereiche und Organisationseinheiten, in Form von Checklisten mit Verbesserungsvorschlägen.

Betrachten Sie die Empfehlungen für ein Strategisches Controlling über alle Bereiche hinweg, angefangen von der Organisation, über das Informations- und Qualitätswesen bis zur Unternehmensentwicklung (siehe Darstellung „Unternehmerlandschaft" auf Seite 2), als einen effektiven und wirksamen Maßnahmenkatalog zur erfolgsorientierten und zudem praxisnahen Unternehmenssteuerung.

Es könnte sein, dass nicht alle dargelegten Empfehlungen in Ihrem Unternehmen von Bedeutung sind, da Sie einige schon – auf die eine oder andere Art – praktizieren. In diesen Fällen erhalten Sie beim systematischen Abarbeiten der Checklisten eine Bestätigung, dass Sie keine vernachlässigt haben und sich bereits auf dem richtigen Erfolgskurs befinden.

Nehmen Sie daher selbstkritisch Bereich für Bereich Ihres Unternehmens unter die Lupe, möglichst schon dann, wenn Ihr Unternehmen erfolgreich ist und die Ressourcen zur Umsetzung vorhanden sind und nicht erst wenn Gewinne rückläufig werden oder gar Verluste anstehen.

Bestimmen Sie die Reihenfolge der Umsetzung nach Ihren eigenen unternehmerischen Prioritäten, wobei eine ganzheitliche Sichtweise nicht aus den Augen verloren werden sollte, da Schwachstellen einzelner Geschäftsbereiche und Organisationseinheiten häufig bereichsübergreifend wirken.

Das stets widerkehrende Wort *„denn"* in der Satzaussage jeder Empfehlung betont den daraus resultierenden Vorteil, sobald die Handlung vollzogen ist, bzw. den Nachteil, wenn diese nicht erfolgt.

© Springer Fachmedien Wiesbaden GmbH, ein Teil von Springer Nature 2018
W. Erk, *Strategisches Controlling, essentials,*
https://doi.org/10.1007/978-3-658-21071-7_1

Unternehmerlandschaft für ein Strategisches Controlling

Sind diese empfohlenen Erfolgsparameter eines Strategischen Controllings erfüllt, stimmen langfristig und nachhaltig auch die Zahlen sowohl in der G&V als auch in der Bilanz und die Liquidität ist gewährleistet.

Nehmen Sie daher als Unternehmer die federführende Rolle des ökonomischen Lotsen selbst ein, auch wenn Sie einen Controller beschäftigen, denn dieser wird sich erfahrungsgemäß eher mit Zahlen als mit strategischen Zielsetzungen und der erforderlichen Umsetzung notwendiger Maßnahmen auseinandersetzen.

Empfehlungen für Strategisches Controlling in der Organisation

2

☐ Erstellen Sie für Ihre Unternehmensstruktur ein Organigramm und aktualisieren es, *denn* so wird die Aufbauorganisation, sprich die Bereiche und Abteilungen dokumentiert und die Mitarbeiter wissen „wer für welche Aufgaben" zuständig und verantwortlich ist.

☐ Kreieren Sie für Ihr Personal, wenn erforderlich, Stellenbeschreibungen, woraus Positionen, Zielsetzungen, Tätigkeiten und Vollmachten hervorgehen, *denn* so findet sich jeder Mitarbeiter mit seinem Aufgabenfeld wieder und kann gezielt und effektiv arbeiten.

☐ Etablieren Sie für besondere Anlässe und Aufgaben Stabsstellen, *denn* die Ergebnisse daraus sind effektiver und das operative Tagesgeschäft wird entlastet.

☐ Erstellen Sie ein Organisationshandbuch für alle Geschäftsabläufe, das auch Teil der Qualitätssicherung ist und führen Sie es in einer Datenbank, *denn* so lässt es sich reibungslos aktualisieren und ermöglicht der Belegschaft einen steten Zugriff.

☐ Wirken Sie bei der Konzipierung neuer DV-/IT-Systeme im Hinblick auf die Einführung „dezentrale oder zentrale Implementierung" z. B. einer Datenbanklösung mit, *denn* das sind wesentliche Zukunftsentscheidungen für die anschließende Informationsverarbeitung.

☐ Legen Sie ein persönliches Augenmerk auf das vorgesehene Betriebssystem hinsichtlich Datenhaltung, Speicherplatz, Sicherungssoftware und Virenscanner, *denn* dadurch vermeiden Sie Informationsverluste und schlimmstenfalls Datendiebstähle.

☐ Aktualisieren Sie die Hardware und Software (Server, Datenträger, Anwenderprogramme) und betreiben Sie eine kontinuierliche Systementwicklung, *denn* so verpassen Sie nicht den Anschluss an diese schnelllebigen Technologien.

© Springer Fachmedien Wiesbaden GmbH, ein Teil von Springer Nature 2018
W. Erk, *Strategisches Controlling, essentials*,
https://doi.org/10.1007/978-3-658-21071-7_2

☐ Achten Sie zudem auf ein sicheres Vernetzen bei Datenübertragungen, sowohl betriebsintern als auch extern zu Lieferanten, Kunden und Banken, *denn* dann stehen dem Vorteil eines schnelleren Informationsflusses keine Gefahren von Datenmissbräuchen gegenüber.

☐ Verbessern Sie sowohl sämtliche interne als auch externe Geschäftsprozesse hinsichtlich Informations- und Warenfluss, *denn* so reduzieren Sie Kosten und verkürzen die Reaktionszeiten für Ihr Unternehmen und Ihre Kunden.

☐ Minimieren Sie Nebenzeiten wie vermeidbare Verzögerungen, Unterbrechungen und dergleichen z. B. durch Mitarbeiterbeträge mittels eines betrieblichen Vorschlagswesens, *denn* dadurch lassen sich unnötigen Kosten vermeiden, die sonst den notwendigen Verrechnungssatz nach oben treiben.

☐ Sorgen Sie dafür, dass Ihr Büropersonal die Bearbeitung der täglichen Geschäftsvorgänge organisiert und rationell verrichten kann, *denn* so werden Ihre Mitarbeiter motiviert, stressfrei und effektiv arbeiten können.

☐ Automatisieren Sie durchgängig den Prozess der Lieferantenrechnungen vom Rechnungseingang über Rechnungsprüfung bis hin zur Rechnungsanweisung, *denn* das vereinfacht die Verwaltungsarbeiten beträchtlich.

☐ Betreiben Sie einen solchen Automatismus auch bei den Ausgangsrechnungen an Ihre Kunden bis hin zum Mahnwesen, *denn* das sorgt für eine schnellere Rechnungsbegleichung und verbessert Ihre Liquidität.

☐ Streben Sie auf Sicht neben der Rechnungsautomatisierung bei allen Verwaltungsaufgaben ein papierloses Büro an, *denn* das schont die Umwelt, erspart Ablageaufwand, gewährt einen schnellen Zugriff und verhindert Informationsverluste.

☐ Gestalten Sie sämtliche Arbeitsplätze nach ergonomischen Gesichtspunkten, *denn* Ihre Mitarbeiter werden es Ihnen durch mehr Zufriedenheit, erhöhte Motivation und weniger Krankheitstage danken.

☐ Achten Sie in allen Abteilungen auf Betriebssicherheit und Unfallschutz, *denn* so beschränken Sie Betriebsunfälle und belasten dadurch nicht Ihr Betriebsklima und Firmenimage.

☐ Sorgen Sie dafür, dass alle betrieblichen Risiken und Gefahren ausreichend versichert sind, *denn* dann bedrohen Sie durch einen größeren Schadensfalls nicht die Existenz Ihrer Firma wegen unzureichendem Versicherungsschutz.

☐ Betreiben Sie ein firmenspezifisches Risikomanagement z. B. für mögliche Betriebsunterbrechungen, Rückrufaktionen usw., durch rechtzeitige Vorkehrungen und Bildung finanzieller Rücklagen, *denn* so wenden Sie solche Fälle ab oder mildern diese zumindest.

☐ Streben Sie eine schlanke Unternehmensstruktur in der Verwaltung, Produktion und Logistik an, *denn* dadurch schaffen Sie im gesamten Betrieb eine optimale Basis für Leistungssteigerungen einerseits und niedrige Fixkosten andererseits.

▷   Sind all diese Empfehlungen im Bereich „Organisation" umgesetzt, ist Ihr Unternehmen sowohl aufbauorganisatorisch, als auch von den Abläufen und Prozessen und unter Berücksichtigung der Mitarbeiterbedürfnisse optimal gerüstet und wird daher sehr effizient und erfolgreich arbeiten!

Empfehlungen für Strategisches Controlling im Informationswesen

3

☐ Legen Sie Wert darauf, dass die Korrespondenz zu Kunden, Lieferanten, Banken und Behörden in Schreibstil und Dokumentenform einwandfrei ist, *denn* damit hinterlassen Sie unwiderrufliche Eindrücke Ihres Unternehmens.

☐ Denken Sie daran, auch in der digitalen Kommunikationswelt (E-Mails, SMSs und was die nahe Zukunft noch bringen wird) ist Form und Stil wichtig, *denn* dann wird der vorteilhafte Techniksegen vom Kunden akzeptiert und nicht als unpersönlich empfunden.

☐ Schulen Sie Ihre nach außen telefonierenden Mitarbeiter in freundlicher und dennoch rationeller Gesprächsführung, *denn* der Geschäftspartner gegenüber möchte neben sachlichen Mitteilungen auch angehört und als Mensch verstanden werden.

☐ Überwachen Sie Ihr Datenmanagement-System und die laufenden Informationserhebungen, sodass keine Datenfriedhöfe entstehen, *denn* dann stehen Aufwand und Nutzen im vertretbaren Verhältnis.

☐ Erfassen Sie nicht nur Geld-Beträge, sondern auch Leistungsfaktoren wie Arbeits- und Fertigungszeiten, Produktionsausstöße, -auslastungen, Absatzmengen etc., *denn* das sind wichtige Daten für die Kosten- und Leistungsrechnung.

☐ Achten Sie darauf, dass die notwendigen Informationen zum richtigen Zeitpunkt an die betreffenden Stellen gelangen und dies zum vertretbaren Aufwand, *denn* dann erfüllen sie ihren Zweck voll und ganz.

☐ Richten Sie ein Beschwerdesystem ein und sehen die darin geäußerten Meinungen niemals als Kritik an, *denn* so erfahren Sie aus Sicht der Mitarbeiter und Kunden, wo in Ihrem Unternehmen Verbesserungen angesagt sind.

© Springer Fachmedien Wiesbaden GmbH, ein Teil von Springer Nature 2018
W. Erk, *Strategisches Controlling, essentials,*
https://doi.org/10.1007/978-3-658-21071-7_3

☐ Visualisieren Sie wichtige Informationen an Ihre Mitarbeiter, Kunden, Lieferanten, Banken und andere Geschäftspartner mithilfe eines Flipcharts oder Beamers, *denn* diese werden so bewusster wahrgenommen und prägen sich tiefer ein, sprich Bilder sagen mehr als tausend Worte.

☐ Billigen Sie im Anschluss einer Präsentation Diskussionen der Teilnehmer und nehmen Sie die Rolle eines Moderators ein, *denn* so erhalten Sie ein Feedback und somit eine Bereicherung und Unterstützung für die Umsetzung der Präsentationsinhalte.

▶ Sind all diese Empfehlungen im Bereich „Informationswesen" umgesetzt, ist Ihr Unternehmen bezüglich Informationsinhalt und -fluss nach innen und außen optimiert, sodass alle notwendigen Informationen aussagewirksam und rechtzeitig zum Empfänger gelangen und dies durch die entsprechende Technik auch rationell!

Empfehlungen für Strategisches Controlling im Qualitätswesen

4

☐ Verstehen Sie das Qualitätswesen unter dem Aspekt „Qualitäts-Sicherungs-maßnahmen an der Basis", sodass Fehlerquellen erst gar nicht aufkommen können, *denn* durch diese Denkweise halten Sie die Fehlerquoten und nachgelagerte Kosten niedrig.

☐ Halten Sie sich dabei das „Null-Fehler-Prinzip" immer vor Augen, *denn* durch diese zielgerichtete Denkweise werden Sie permanent angehalten alle Handlungen fehlerfrei zu vollziehen.

☐ Betrachten Sie Wareneingangs-, Zwischen- und Endkontrollen nur als ergänzende und unterstützende Prozesse, *denn* nur durch gezielte Handlungen im Vorfeld z. B. in der Entwicklung und Materialauswahl eines Produktes kann Qualität erzeugt werden.

☐ Denken Sie daran, auch die Einhaltung von Normen, Vorschriften und Gesetzen leisten einen Beitrag zur Qualitätssicherung, *denn* diese gewähren bereits einen gewissen Qualitätsstandard.

☐ Gehen Sie einen Schritt weiter und verankern Sie vertraglich mit Kunden und Lieferanten die geforderte Qualität, *denn* so nehmen Sie sie rechtzeitig in der Gestaltungsphase mit in die Qualitätsverantwortung und entbindet Sie als Unternehmer von möglichen späteren Abweichungsreklamationen.

☐ Führen Sie bereits bei der Konzipierung von Produkten alle Qualitäts-Einflussnehmer wie Konstrukteure, Arbeitsvorbereiter und Lieferanten zusammen, *denn* so bewegen Sie sich von Beginn an auf dem optimalen Qualitätssicherung-Kurs.

☐ Denken Sie daran, das Qualitätswesen bezieht sich nicht nur auf Produkte, sondern erstreckt sich über das ganze Unternehmen, was stets die Einhaltung aller dokumentierten Regelwerke wie z. B. Prozessbeschreibungen abverlangt, *denn* dann wird eine volle Gewährleistung der Qualitätssicherung gegeben sein.

© Springer Fachmedien Wiesbaden GmbH, ein Teil von Springer Nature 2018   11
W. Erk, *Strategisches Controlling*, essentials,
https://doi.org/10.1007/978-3-658-21071-7_4

☐ Sorgen Sie deshalb dafür, dass Ihre ganze Mannschaft mitwirkt, *denn* dann werden alle Unternehmensprozesse nicht nur organisatorisch optimal ablaufen, sondern einen hohen Qualitätsstandard aufweisen.

☐ Beachten Sie, ein Qualitätsmanagementsystem verlangt eine planende, koordinierende und überwachende Tätigkeit, egal ob in den Produktionsstätten, Verkaufsabteilungen, dem Kundenservice und der Verwaltung, *denn* dann wird es reibungslos und qualitätsfördernd funktionieren.

☐ Dokumentieren Sie deshalb Ihre Unternehmensstruktur mittels eines Organigramms, *denn* darin werden alle Zuständigkeiten und Verantwortlichkeiten, auch die der qualitätsverantwortlichen Mitarbeiter, eindeutig geregelt.

☐ Beschreiben Sie auch alle Prozesse der Ablauforganisation, *denn* dies ist neben den Zuständigkeiten und Verantwortlichkeiten eine weitere wichtige Dokumentierung zur Qualitätssicherung.

☐ Leisten Sie sich für all diese Qualitätsanforderungen zudem eine kompetente Qualitäts-Dienstleistungsstelle, die Ihnen direkt unterstellt sein muss, *denn* nur so erlangt das Qualitätsbewusstsein einen hohen Stellenwert.

☐ Verstehen Sie die Qualitätssicherung als eine Führungsstrategie, *denn* dadurch wird ein ganzheitliches Denken und Handeln, sowohl betriebsintern über alle Bereiche hinweg, als auch extern zu sämtlichen Geschäftspartnern forciert und aufrecht erhalten.

☐ Lassen Sie Ihr Unternehmen nach einer geeigneten ISO-Norm zertifizieren, *denn* das ist Öffentlichkeitsarbeit und Werbung, was sich bezüglich der Zuverlässigkeit Ihrer Firma positiv auswirkt.

☐ Gehen Sie davon aus, dass ein bestätigtes Qualitätsaudit für Ihre Kunden nachweislich mehr Sicherheit bietet, *denn* diese wissen dann, Entscheidungen und Handlungen werden bei Ihnen immer nach einheitlichen Regeln getroffen.

☐ Sehen Sie daher eine Zertifizierungen und eine gelebte Qualitätspolitik als gezielte Marketingmaßnahmen für Ihren Absatzmarkt und den einzelnen Kunden, *denn* diese werden meist wirksamer sein, als die oft hoch gepriesenen sonstigen Marketingempfehlungen.

▷　Sind all diese Empfehlungen im Bereich „Qualitätswesen" umgesetzt, ist Ihr Unternehmen qualitativ bestens aufgestellt und das nicht nur bei den internen Prozessen, sondern vor allem bezüglich der Waren und sonstigen Leistungen, die Ihre Kunden erhalten und zudem entstehen kaum Reklamationen und Gewährleistungskosten!

Empfehlungen für Strategisches Controlling im Personalwesen

5

☐ Verlassen Sie sich bei jeder Personalauswahl, ob Neueinstellung oder Umbesetzung, nicht nur auf Zeugnisse, berufliche Werdegänge und persönliche Eindrücke, sondern vereinbaren Sie Arbeitsproben bzw. eine Probezeit, *denn* dadurch vermeiden Sie Fehlbesetzungen, die unnötig Zeit und Geld kosten.

☐ Stellen Sie jeden Mitarbeiter an den für ihn geeigneten Arbeitsplatz, hinsichtlich seiner fachlichen aber auch sozialen Kompetenz, *denn* so kann er sich voll und ganz im Sinne Ihres Unternehmens entfalten.

☐ Entdecken, entfalten und nutzen Sie die persönlichen Stärken und beruflichen Potenziale all Ihrer Mitarbeiter, *denn* diese bringen Ideen und Innovationen in Ihr Unternehmen.

☐ Fördern Sie Ihre Mitarbeiter durch gezielte Weiterbildungsmaßnahmen, wenn diese auch zusätzliche Kosten verursachen, *denn* das sind lohnende Investitionen für die Zukunft Ihres Unternehmens, die gewinnbringend zurückfließen.

☐ Verfolgen Sie die Altersstruktur Ihrer Fach- und Führungskräfte, *denn* so können Sie für den Nachwuchs rechtzeitig eine Langzeitplanung mit notwendigen Weiterbildungsmaßnahmen und Einarbeitungszeiten einleiten.

☐ Bilden Sie Ihre eigenen Fach- und Führungskräfte aus und bieten Sie interessante Aufstiegsmöglichkeiten, *denn* dadurch entstehen lang anhaltende Mitarbeiterbindungen und Sie werden weniger vom Arbeitsmarkt abhängig.

☐ Motivieren Sie Ihre Mitarbeiter neben einer angemessenen Grundentlohnung, zusätzlich durch Prämien und Beteiligungen, *denn* dadurch wird ein Mitarbeiter, sein Wissen und Können sowie seine Leistung voll zur Verfügung stellen und sich zudem als Mitunternehmer sehen.

© Springer Fachmedien Wiesbaden GmbH, ein Teil von Springer Nature 2018   13
W. Erk, *Strategisches Controlling*, essentials,
https://doi.org/10.1007/978-3-658-21071-7_5

☐ Achten Sie bei der Entlohnung darauf, dass das Gehalt von Top-Managern zu dem Einkommen der Mitarbeitern auf der untersten Ebne in einem angemessenen Verhältnis steht, *denn* so bleiben die Mitarbeiter in den ausführenden Stellen motiviert und werden nicht unzufrieden.

☐ Gewähren Sie den Belegschaftsmitgliedern flexible Arbeitszeiten, damit sie ihren privaten Alltag besser gestalten können, *denn* das zeigt Einsicht für persönliche Belange und die Mitarbeiter erbringen noch bessere Leistungen.

☐ Überbewerten Sie nicht die Anwesenheitszeit Ihrer Mitarbeiter, sondern sorgen Sie stattdessen für Leistung und deren Kontrolle, *denn* nur diese erbringt einen Mehrwert fürs Unternehmen.

☐ Sorgen Sie daher dafür, dass alle Mitarbeiter, ob im Büro, in der Produktion oder im Außendienst, effektiv arbeiten, *denn* so verschenken Sie keine freien Ressourcen bezüglich Zeit und Geld.

☐ Halten Sie deshalb Ihre Mitarbeiter stets zur Leistung an, aber überfordern Sie sie nicht permanent, *denn* dadurch mindern Sie Krankheitsausfälle und begrenzen die Gefahr eines Burn-outs.

☐ Kümmern Sie sich darum, dass sich Ihre Mitarbeiter gegenüber allen Kunden als Dienstleister verstehen und sich für deren Zufriedenheit mitverantwortlich fühlen, *denn* so werden Kunden langfristige Partner und nicht nur Käufer.

☐ Beflügeln Sie Ihre Mitarbeiter, dass sie effektiv zusammen arbeiten, sprich einen Teamgeist entwickeln, *denn* dadurch entstehen bessere Arbeitsergebnisse.

☐ Betreiben Sie ein betriebliches Vorschlagswesen, *denn* dadurch können Ihre Mitarbeiter vermehrt wertvolle Ideen und Innovationen einbringen.

☐ Führen Sie mit allen Mitarbeitern mindestens jährlich Zielvereinbarungsgespräche, wobei konkrete und messbare Ziele gemeinsam festzulegen sind, *denn* so können die Mitarbeiter ihre Aufgaben voll und ganz im Geschäftsinteresse und mit Einbringung eigener Ideen verrichten.

☐ Beugen Sie Mobbing vor, durch einen offenen, transparenten und partnerschaftlichen Umgang miteinander, *denn* dann herrscht ein gutes Arbeitsklima im Unternehmen, das sich positiv auf die Arbeitsleistung auswirkt.

☐ Nehmen Sie jede Mitarbeiterfluktuation wahr, indem Sie prüfen, ob diese Stelle unbedingt wieder besetzt werden muss bzw. ob, die Arbeit auf Kollegen verteilt werden kann oder aber zukünftig eine Teilzeitkraft dafür ausreicht, *denn* so verringern Sie Ihre Fixkosten.

☐ Praktizieren Sie solche Maßnahmen konsequent, können eventuell zu einem späteren Zeitpunkt notwendige betriebsbedingte Kündigungen verhindert werden, *denn* so vermeiden Sie Entlassungen, die zu menschlichen Schicksalen führen können.

☐ Halten Sie einen gewissen Personalkostenanteil variabel, z. B. durch Zeitarbeiter, Aushilfskräfte oder externe Dienstleister, *denn* dadurch begrenzen Sie Fixkosten, die durch fest eingestelltes Personal entstehen und längerfristig bestehen, zudem verkraften Sie somit leichter Auslastungsschwankungen.

☐ Machen Sie sich immer bewusst, dass Mitarbeiter das wichtigste und größte Kapital Ihres Unternehmens verkörpern und nicht die Sachanlagen und das sonstiges Vermögen in der Bilanz, *denn* das „Know-how an Mitarbeiterwissen" ist das höchste Gut eines jeden Unternehmens.

▷ Sind all diese Empfehlungen im Bereich „Personalwesen" umgesetzt, ist Ihr Unternehmen mit seiner Belegschaft und der Identifizierung der Mitarbeiter mit den betrieblichen Belangen gut aufgestellt und die Personalkosten stehen im Einklang mit der Leistungserbringung!

Empfehlungen für Strategisches Controlling in der Führung

6

- ☐ Vermeiden Sie einen zu autoritären Führungsstil, auch wenn er hin und wieder angebracht wäre, *denn* dann finden Ihre Mitarbeiter eine Atmosphäre vor, in der sie sich wohl fühlen, und dementsprechend gute Leistungen erbringen.
- ☐ Pflegen Sie stattdessen einen kooperativen Führungsstil, *denn* Ihre Mitarbeiter werden dadurch ein hohes Maß an Eigeninitiative entfalten.
- ☐ Verlassen Sie sich dennoch nicht ausnahmslos auf den kooperativen Führungsgeist, sondern führen Sie situationsbedingt, *denn* so bewahren Sie eine Führung die auch bei außergewöhnlichen Umständen wirksam bleibt.
- ☐ Billigen Sie reifen und selbstständigen Mitarbeitern größere Freiräume zu, indem Sie lediglich deren Arbeitsergebnisse, nicht jedoch den Arbeitsprozess kontrollieren, *denn* das motiviert jene Mitarbeiter beachtlich und stärkt ihren Selbstwert.
- ☐ Vereinbaren Sie mit sehr strebsamen und kreativen Mitarbeitern nur Ziele und geben keine Details vor, *denn* dann werden solche Mitarbeiter nicht nur eine Topleistung erbringen, sondern sich kaum nach einem anderen Arbeitgeber umsehen und wertvolles Wissen mitnehmen.
- ☐ Arbeiten Sie hingegen mit Mitarbeitern die auf mehr Führung angewiesen sind, sollten Sie genaue Arbeitsvorgaben und Abgabetermine vorgeben, *denn* dann werden Sie von häufigen Rückfragen und nachgelagerten Kontrollen entlastet.
- ☐ Führen Sie deshalb immer personenbezogen, da jeder Mitarbeiter eine andere Veranlagung mitbringt, *denn* so erhalten Sie das Optimum an Leistung von jedem einzelnen Arbeitnehmer.
- ☐ Geben Sie notfalls auch strikte Anweisungen, wenn eine prekäre Ausgangslage es erforderlich macht, *denn* dann können Sie Schäden und Folgekosten mindern oder gar abwenden.

© Springer Fachmedien Wiesbaden GmbH, ein Teil von Springer Nature 2018
W. Erk, *Strategisches Controlling, essentials*,
https://doi.org/10.1007/978-3-658-21071-7_6

☐ Delegieren Sie so oft wie möglich Tätigkeiten mit konkreten Zielvorgaben, *denn* dadurch werden Sie arbeitsmäßig erheblich entlastet und gewinnen mehr Zeit für wichtigere Aufgaben.

☐ Gehen Sie auf persönliche Probleme Ihrer Mitarbeiter wie Krankheiten in der Familie, finanzielle Schwierigkeiten usw. ein, *denn* dadurch zeigen Sie Einfühlungsvermögen und stärken die Bindung Ihrer Mitarbeiter an Ihre Firma.

☐ Lösen Sie Konflikte frei von Emotionen, indem Sie sachlich argumentieren, nicht persönlich werden und einen Konsens suchen, *denn* so vermeiden Sie eine innerliche Kündigung Ihrer Mitarbeiter.

☐ Bringen Sie Ihre Sozialkompetenz zum Ausdruck, *denn* jeder Mitarbeiter will auch am Arbeitsplatz als Mensch gesehen, geschätzt und behandelt werden.

☐ Leben Sie Flexibilität und Kreativität vor und prägen durch Ihren Führungsstil ein vorbildliches Führungsklima nach den Erfordernissen Ihres Unternehmens, *denn* so folgen auch Ihre Führungskräfte diesen Prinzipien und alle Mitarbeiter fühlen sich am Arbeitsplatz wohl und erbringen hervorragende Leistungen.

▶ Sind all diese Empfehlungen im Bereich „Führung" umgesetzt, ist Ihr Unternehmen auf alle Führungsanforderungen gut vorbereitet und es werden zudem die individuellen Persönlichkeiten der einzelnen Mitarbeitern berücksichtigt, sodass kaum menschliche und sachliche Reibungsverluste auftreten und dadurch zusätzliche Kosten entstehen – im Gegenteil eine Leistungssteigerung ist der Fall!

Empfehlungen für Strategisches Controlling bei der Kosten- und Leistungsrechnung

7

☐ Stellen Sie die Vollkostenrechnung auf eine Deckungsbeitragsrechnung um und weisen darin auch die Grenzkosten aus, *denn* diese sind vor allem für die Ermittlung von Preisuntergrenzen Voraussetzung.

☐ Wenden Sie Preisuntergrenzen allerdings nur dann an, wenn bereits alle fixen Kosten durch vorausgegangene Aufträge vollständig gedeckt sind, *denn* erst ab da trägt auch ein Auftrag, der kalkulatorisch nicht den vollen Fixkostenaufschlag abdeckt, zur weiteren Gewinnsteigerung bei.

☐ Denken Sie dennoch daran, dass durch zu voreilig angenommene Aufträge zu Preisuntergrenzen freie Kapazitäten für noch folgende deckungsbeitragsstärkere Aufträge blockiert werden können, *denn* sonst schränken Sie womöglich Ihre Gewinnoptimierung ein.

☐ Weisen Sie bei der Deckungsbeitragsrechnung nicht nur den Rohertrag aus, sondern sehen Sie mehrere Deckungsbeitragsstufen vor, *denn* so erfahren Sie bis zu welcher Stufe Erträge erwirtschaftet bzw. ob bereits Verluste angezeigt werden.

☐ Teilen Sie Ihren Betrieb, wenn mehrere Sparten wie z. B. Handel, Dienstleistung und Produktion vorherrschen, buchhalterisch in Geschäftseinheiten auf, auch wenn dies steuerrechtlich nicht erforderlich sein sollte, *denn* dadurch bekommen Sie eine erkenntnisreiche Ertrags- und Kostentransparenz.

☐ Betreiben Sie zudem bei mehreren Geschäftsbereichen eine Profitcenterrechnung, möglichst mit Ausweisung von Stufendeckungsbeiträgen, *denn* so erfahren Sie nicht nur die bereichsspezifischen Geschäftsergebnisse, sondern auch ab welcher Deckungsbeitragsstufe Gewinne oder Verluste erwirtschaftet werden.

© Springer Fachmedien Wiesbaden GmbH, ein Teil von Springer Nature 2018   19
W. Erk, *Strategisches Controlling*, essentials,
https://doi.org/10.1007/978-3-658-21071-7_7

☐ Streichen Sie Produkte und Dienstleistungen, die dauerhaft Verluste bewirken, aus dem Sortiment, auch wenn Ihnen das ein oder andere schwer fällt, *denn* dann zehren solche Verlustbringer nicht mehr an den sonstigen ertragreichen Leistungen.

☐ Erheben Sie alle Erlösschmälerungen wie Skonto, Bonus und sonstige Nachlässe getrennt, um gezielt darauf Einfluss nehmen zu können, *denn* werden solche Erlösschmälerungen eingeschränkt oder gänzlich nicht gewährt, können diese in der Summe durchaus die Größenordnung eines Jahresgewinns ausmachen.

☐ Halten Sie ebenso die Lieferantenskonti auftragsbezogen fest und verhandeln dementsprechend mit den Lieferanten, *denn* auch diese Nachlässe können, vor allem wenn am Jahresende noch ein Mengenbonus erzielt werden kann, einen erheblichen Betrag zum Jahresergebnis beisteuern.

☐ Erfassen Sie die Wareneinkäufe neben der Materialart auch wertmäßig nach der A-B-C-Analyse, *denn* so erfahren Sie, ab wann es sich lohnt, Preisverhandlungen zu führen und gegebenenfalls Alternativlieferanten zu suchen, um das Einkaufvolumen kostenmäßig zu optimieren.

☐ Ermitteln Sie Ihre G&V-Jahresplanung nicht durch eine Hochrechnung in Anlehnung an das Vorjahr, sondern mit Planzahlen, die von den neu vereinbarten Unternehmenszielen abgeleitet werden, *denn* dann bleibt die Planung kein Zahlenspiel ohne verwertbare Aussagen und Vorgaben für das bevorstehende Geschäftsjahr.

☐ Prognostizieren Sie für die Jahresplanung den Umsatz nicht nur als Summe, sondern detailliert nach Verkaufsgebieten, Händlern und Großkunden sowie dem Angebotssortiment, *denn so* erhalten Sie neben einer fundierten Umsatzhöhe zudem genaue Umsatzvorgaben für die Steuerung Ihres Vertriebs.

☐ Stellen Sie bei Ihrer Planung ebenfalls alle Aufwendungen abgeleitet von den vereinbarten Zielen dar, *denn* so können sich die Geschäftsbereiche und die einzelnen Abteilung im bevorstehenden Geschäftsjahr mit ihren tatsächlichen Ausgaben daran messen.

☐ Führen Sie bei allen im Einsatz befindlichen Rechenwerken, ob Planungs-, Profitcenter- Kostenstellen-, Kostenträger- oder Prozesskostenrechnung einen Soll/-Ist-Vergleich durch, *denn* nur dann erfahren Sie die negativen Abweichungen, um mit gezielten Maßnahmen dagegen steuern zu können.

☐ Erheben und bewerten Sie nicht nur Euro-Zahlen, sondern bringen Sie diese in Einklang mit den Leistungsfaktoren wie Zeitaufwand, Mengenausstoß und dergleichen, *denn* nur dann sind Ihre Auswertungsdaten auch effizient und aussagefähig.

☐ Erstellen Sie Wirtschaftlichkeitsrechnungen z. B. zum kostenmäßigen Abwägen zweier Fertigungsverfahren, sowie Investitionsrechnungen bei größeren Anschaffungen, um zu erfahren, ob sich das eingesetzte Kapital auch amortisiert, *denn* so treffen Sie Entscheidungen die von Haus aus rentabel sind.

▶ Sind all diese Empfehlungen im Bereich „Kosten- und Leistungsrechnung" umgesetzt, ist Ihr Unternehmen durch die dargelegten Erfassungen und Auswertungen ertrags- und leistungsmäßig gut abgesichert, sodass keine Verluste sowohl in den einzelnen Geschäftsbereichen als auch im Gesamtunternehmen zu befürchten sind!

Empfehlungen für Strategisches Controlling bei der Kalkulation und Angebotsgestaltung 8

☐ Prüfen Sie regelmäßig, ob sämtliche angewandte Verrechnungssätze bei allen Dienstleistungsangeboten und Materialaufschläge bei Warenangeboten nicht nur marktorientiert, sondern auch gewinnbringend sind, *denn* so summieren sich keine Fehlbeträge, die zu einem erheblichen Verlust führen können.

☐ Kalkulieren Sie bei technisch komplexen Produkten die Herstellkosten sehr detailliert und zwar den Materialeinsatz in Anlehnung an die Konstruktionsstückliste und die Arbeits- und Maschinenkosten gemäß den erforderlichen Bearbeitungsprozessen aus der Arbeitsvorbereitung, *denn* so werden keine Kostenelemente vergessen.

☐ Ermitteln Sie, wenn eine Personengesellschaft vorliegt, Ihren kalkulatorischen Unternehmerlohn in Abhängigkeit zu Ihrer Qualifikation, dem persönlichen Arbeitseinsatz und zum Arbeitsmarktwert, *denn* dann kann das Ihnen zustehende Gehalt in angemessener Höhe anteilig in die Kalkulationen mit einfließen und auch verdient werden.

☐ Beziffern Sie zudem eine kalkulatorische Miete zum ortsüblichen Mietzins, wenn Sie eigene Gebäude wie Büroräume, Betriebs- und Lagerhallen betrieblich nutzen, *denn* so wird diese fiktive Miete Kostenbestandteil der Kalkulation und kann entsprechend honoriert werden.

☐ Berechnen Sie ferner die kalkulatorischen Zinsen für das eingesetzte Eigenkapital, da auch diese anteilig in eine Kalkulation gehören, *denn* dann kann ein solcher Zinsentgang auch zurückfließen.

☐ Vergessen Sie nicht, dass kalkulatorische Kosten – welcher Art auch immer –, auch wenn diese steuerrechtlich keine tatsächlichen Aufwendungen darstellen, Kalkulationspositionen sind, *denn* alles was einkalkuliert wird, kann auch vom Auftraggeber erstattet werden.

© Springer Fachmedien Wiesbaden GmbH, ein Teil von Springer Nature 2018   23
W. Erk, *Strategisches Controlling, essentials*,
https://doi.org/10.1007/978-3-658-21071-7_8

☐ Denken Sie neben den steuerrelevanten Abschreibungen, die der Steueroptimierung dienen, auch an die kalkulatorischen, *denn* diese stellen basierend auf die technische Nutzungsdauer der einzelnen Anschaffungen die eigentlichen betrieblichen Abschreibungswerte für die Kalkulation dar.

☐ Verlassen Sie sich bei wiederholten Serienfertigungen nicht nur auf Vorkalkulationen, sondern erstellen Sie regelmäßige Nachkalkulationen, *denn* so erfahren Sie von wiederkehrenden negativen Abweichungen und können – wenn der Markt dies billigt – den zukünftigen Preis erhöhen.

☐ Bedenken Sie, dass man durch eine Nachkalkulation auch die positiven Abweichungen erfährt, die von Bedeutung sein können, wenn z. B. der Markt Preisesenkungen fordert, *denn* erst dann können Sie beurteilen, in wieweit Sie sich darauf ohne Gewinneinbußen einlassen können.

☐ Sehen Sie bei Projekten neben der Vor- und Nachkalkulation eine mitlaufende Kalkulation vor, *denn* so erkennen Sie, wo das Projekt gerade kostenmäßig steht und können gegebenenfalls rechtzeitig eine Kostenoptimierung vornehmen oder möglicherweise einen Preisnachschlag fordern.

☐ Seien Sie bei der Annahme von öffentlichen Ausschreibungen und Rahmenverträgen sehr vorsichtig, hier stellen sich nicht selten höhere Gestehungskosten ein, die aufgrund des Preisdruckes bzw. der Vertragsbedingungen kaum nachzufordern sind, *denn* so vermeiden Sie mögliche Verlustgeschäfte.

☐ Rechnen Sie bei Angebotskalkulationen für Projekte je nach Einschätzung der Sachlage und den vorliegenden Informationen entsprechende Reserven für Unvorhersehbares ein, *denn* dann verlieren Sie nicht schon Geld, bevor Sie mit der Auftragserfüllung beginnen.

☐ Kalkulieren Sie Rabatte grundsätzlich ein, bevor Sie sie gewähren, *denn* dann schmälern Sie nicht den geplanten Deckungsbeitrag und schließlich den Gewinn.

☐ Sorgen Sie dafür, dass Angebote unverzüglich zu den Kunden gelangen und diese auch ohne große Mühe nachvollziehbar sind, *denn* dann wird sich der Kunde melden und wahrscheinlich eher den Auftrag erteilen, zumindest aber ein Feedback geben.

☐ Lassen Sie sich den Angebotspreis vor Auftragsannahme nicht herunterhandeln, sondern festigen Sie ihn mit nachvollziehbaren Leistungsargumenten, *denn* nur so wird Ihr kalkulierter Zieldeckungsbeitrag aufrechterhalten.

☐ Befürchten Sie allerdings, wenn Sie den Preis nicht nachlassen, den vielleicht zurzeit notwendigen Auftrag zu verlieren, taktieren Sie sehr dosiert mit Preisnachlässen, *denn* so minimieren Sie den Deckungsbeitragsrückgang.

▶   Sind all diese Empfehlungen im Bereich „Kalkulation und Angebotsgestaltung" umgesetzt, ist Ihr Unternehmen stets auf der sicheren Seite bei den realisierten Produkten, Dienstleistungen und Projekten ausreichende Gewinne zu erzielen!

Empfehlungen für Strategisches Controlling für Marketing und Werbung

9

☐ Entwickeln Sie eindrückliche Identifikationsmerkmale wie ansprechendes Firmenlogo, eingetragene Geschäftsmarke etc., *denn* das sind markante und unwiderrufliche Wiedererkennungsmerkmale Ihrer Firma.

☐ Bringen Sie deutlich erkennbare Außenwerbung an, z. B. durch Fassadenschilder am Firmengebäude und Beschriftungen an Firmenfahrzeuge, *denn* dadurch wird Ihre Firma nach außen bekannter.

☐ Sorgen Sie dafür, dass die Informationsträger Ihrer Firma mit Ihren Geschäftsinhalt wie Visitenkarten, Briefbögen, Flyer und Webseiten ein einheitliches Bild aufweisen, *denn* das sind primär die ersten Botschaften, die den Kunden erreichen.

☐ Setzen Sie gezielt, aber maßvoll, auf Printmedien wie Plakate, Broschüren, etc., *denn* das spricht die breite Masse an, worunter potenzielle Kunden sind.

☐ Schalten Sie hin und wieder Anzeigen, sei es in Fachzeitschriften oder örtlichen Medien, die so gestaltet sind, dass erst die Aufmerksamkeit auf die Ware und danach ein Interesse an der Firma geweckt wird, *denn* sonst verpuffen solche Ausgaben, ohne dass Geschäfte folgen.

☐ Betreiben Sie einen Messestand, sowie Events zu bestimmten Anlässen, mit einem seriösen und nachhaltigen Auftritt, *denn* das weckt die Aufmerksamkeit auf Ihre Firma und das Leistungsangebot.

☐ Denken Sie an Bildergalerien bzw. Filmaufnahmen über die Firmengeschichte und Highlights Ihrer Produkte zu deren Entwicklung und Produktion, *denn* solche Darstellungen Ihres Unternehmens bleiben länger in Erinnerung.

☐ Erarbeiten und weisen Sie Alleinstellungsmerkmale aus, sei es durch einen vorbildlichen Service, einzigartige Produkte oder eine Gewährleistung, die über die gesetzliche Bindung hinausgeht, *denn* dann können Sie neben mehr Kundenzulauf zudem höhere Preise durchsetzen.

© Springer Fachmedien Wiesbaden GmbH, ein Teil von Springer Nature 2018   25
W. Erk, *Strategisches Controlling*, essentials,
https://doi.org/10.1007/978-3-658-21071-7_9

☐ Achten Sie bei Ihrem Internetauftritt darauf, dass eine angenehme Benutzer-führung gegeben ist und Ihre Botschaften auf das Wesentliche konzentriert wird, *denn* dann werden nicht nur Stammkunden, sondern auch neue, gerne wieder Ihr Internetportal aufsuchen.

☐ Geben Sie Newsletter über Onlineportale heraus und legen Sie Wert darauf, dass diese aktuell und interessant gehalten werden, *denn* so verliert der Leser nicht das Interesse an diesem Medium.

☐ Ziehen Sie in Betracht, dass Marketingarbeit durch eine namhafte Agentur sehr professionell sein kann, *denn* sie sorgt dauerhaft für mehr Marktpräsenz, Kunden und Umsatz ohne dass der Geschäftsalltag belastet wird.

☐ Übertreiben Sie jedoch nicht den Marketing- und Werbeaufwand, *denn* sonst laufen Sie Gefahr, durch Verlockungen der Werbeagenturen zu viel Geld aus-zugegeben, ohne dass eine zusätzliche Marken- und Kundenbindung entsteht.

☐ Sorgen Sie dafür, dass Werbemedien individuell sowohl für Ihr Unternehmen als auch für Ihren Kundenkreis gestaltet werden, *denn* dann erfüllen sie ihren werbewirksamen Zweck.

☐ Achten Sie darauf, dass die Werbung das hält, was sie verspricht, *denn* sonst werden Ihre Kunden werbeverdrossen und sind nicht mehr empfänglich für neue Werbeaktionen.

☐ Vergessen Sie keineswegs das Empfehlungsmarketing, z. B. über Netzwerke, in denen zufriedene Kunden Ihr Unternehmen weiterempfehlen, *denn* solche Strategien sind kostengünstig und sehr wirkungsvoll, da Neukunden diese Botschaft von überzeugten Kunden erhalten.

▷ Sind all diese Empfehlungen im Bereich „Marketing und Werbung" umgesetzt, ist Ihr Unternehmen am Markt, in der Region und bei allen Geschäftspartnern bestens positioniert und verschafft so vertrauens-volle Kunden, die dauerhaft Umsatz generieren!

Empfehlungen für Strategisches Controlling bei den Dienstleistungen und Produkten 10

- [ ] Platzieren Sie aufgrund der am Markt vorhandenen Vielfalt von Dienstleistungen und Produkten Ihre eigenen stets mit besonders nutzbringenden und problemlösenden Eigenschaften, *denn* so gelingt es Ihnen eine bessere Marktposition einzunehmen.
- [ ] Legen Sie bei der Produktgestaltung die Prioritäten erstrangig auf Funktionalität, Qualität sowie Sicherheit und zweitrangig auf Design, so vermeiden Sie Rückrufaktionen, Folgekosten und womöglich sogar strafbare Verstöße, *denn* das ist für Ihr Image wichtiger als ein gefälliges Aussehen.
- [ ] Verpflichten Sie deshalb im Vorfeld zu diesen Vorgaben Ihre Konstrukteure und Lieferanten, *denn* so ersparen Sie sich im Nachhinein Reklamationen und Nachbesserungskosten.
- [ ] Beachten Sie ebenfalls bei Ihren Produkten und Dienstleistungen die Umwelt- und Verbraucherschutzrechte, *denn* damit vermeiden Sie negative Medienmitteilungen und eventuell Bußgelder wegen Missachtungen.
- [ ] Legen Sie Wert auf energiesparende, emissionsarme und recyclingfähige Produkte, die zudem aus schadstoffarmen Materialien hergestellt werden, *denn* dies wird nicht nur verstärkt durch rechtliche Bestimmungen gefordert, auch der Endverbraucher erwartet zunehmend solche Erzeugnisse.
- [ ] Berücksichtigen Sie bei Produktentwicklungen auch die Bedürfnisse der immer älter werdenden Kunden, bezüglich einer einfachen und möglichst selbsterklärenden Anwendung mit gut lesbaren Bedienelementen, *denn* diese Kunden nehmen zukünftig in vielen Branchen einen beachtlichen Marktanteil ein.

© Springer Fachmedien Wiesbaden GmbH, ein Teil von Springer Nature 2018
W. Erk, *Strategisches Controlling*, essentials,
https://doi.org/10.1007/978-3-658-21071-7_10

☐ Reduzieren oder vermeiden Sie wenn möglich die Produktverpackungen, *denn* dadurch muss der Endkunde weniger Verpackungsmaterial entsorgen, die Umweltbelastung wird gesenkt und Sie verbessern zusätzlich Ihre Gewinnspanne.

☐ Entwickeln Sie hin und wieder auch Exklusivprodukte und platzieren Sie diese mit besonderer Aufmerksamkeit am Markt, *denn* so bringen Sie Ihr Unternehmen immer wieder in den Vordergrund und erreichen zudem einen Marktvorsprung.

☐ Konzipieren Sie die Produkte so, dass nicht nur die gesetzliche Gewährleistungsgarantie gesichert ist, sondern dass diese ohne Störungen oder gar Ausfälle länger einsatzfähig bleiben, *denn* so gewinnen Sie Kunden, die erneut bei Ihnen kaufen.

☐ Schaffen Sie deshalb werthaltige Produkte mit erhöhter Lebensdauer, *denn* das verbessert Ihr Firmenimage erheblich und bringt mittelfristig mehr Umsatz, nicht zuletzt durch einen dadurch höheren Verkaufserlös.

☐ Lassen Sie Produkte patentieren, das bringt in zweifacher Hinsicht mehr Kunden, zum einen wegen der Produkteinzigartigkeit und zum anderen wegen des Schutzrechts, *denn* dadurch werden Wettbewerber abgeschirmt.

☐ Kreieren Sie nicht zu viele Produktvarianten, *denn* so halten Sie Ihre Entwicklungs- und Fertigungskosten niedrig und erleichtern dem Kunden seine Kaufentscheidung.

☐ Kennen Sie die Lebenszyklen Ihrer Produkte, um rechtzeitig Nachfolgeartikel entwickeln bzw. beschaffen zu können, *denn* dann können keine Lieferunterbrechungen entstehen mit einer Abwanderungsgefahr von Stammkunden.

☐ Bedenken Sie, kontinuierliche Produktgestaltungen und -verbesserungen sind in einer schnell lebenden Wirtschaftswelt unaufhörliche Prozesse, *denn* wenn Sie diesem Wandel Folge leisten werden Sie auch nicht vom Markt verdrängt.

☐ Setzen Sie die „Wertanalyse-Methode" ein, unter der Prämisse, Produktfunktionen so zu optimieren, dass der Kundennutzen trotz Kostensenkungen steigt, *denn* dadurch erhalten Sie ausgezeichnete Produkte mit einem maximalen Deckungsbeitrag.

☐ Unterscheiden Sie bei Dienstleistungen zwischen personenbezogenen z. B. Berater, sachbezogenen z. B. Speditionen und handwerklichen z. B. Installateure, *denn* jede Leistungsart verlangt ihre berufsspezifische Qualifikation und eine branchenspezifische Vorgehensweise.

☐ Gehen Sie bei Ihren Dienstleistungen immer auf die Kundenbedürfnisse ein, stellen Sie eine rationelle Problemlösung und ein Zielergebnis in Aussicht, *denn* das zeichnet eine gute Servicequalität aus.

☐ Gestalten Sie die Preise Ihrer Dienstleistungspalette und Ihres Produktsortiments so, dass diese sowohl gewinnbringend sind als auch vom Markt angenommen werden, *denn* so halten Sie die Balance zwischen den Interessen Ihres Unternehmens und die der Käufer.

▶ Sind all diese Empfehlungen im Bereich „Dienstleistungen und Produkte" umgesetzt, ist Ihr Unternehmen mit seinem Portfolio gut aufgestellt und die Kunden können sich besonderer und qualitativ guter Produkte sowie problemlösender Dienstleistungen zu angemessenen Preisen bedienen, die Ihren Umsatz und Gewinn dauerhaft sichern!

☐ Stellen Sie für Projekte einen geeigneten Projektleiter ab und lassen diese nicht nebenher von Linienmanagern betreuen, *denn* nur so erfahren Projekte die nötige Priorität.

☐ Unterschätzen Sie bei der Auftragsannahme eines Projektes keineswegs die Kostensituation, die einer genauen Vorkalkulation bedarf, damit der Abgabepreis von Haus aus kostendeckend ist, *denn* i. d. R. werden nur in Ausnahmefällen preisliche Nachforderungen akzeptiert.

☐ Reden Sie rechtzeitig mit Ihrer Bank, wenn Projekte zusätzliche Finanzmittel bedürfen, *denn* so kommt es zu keiner Startverzögerung und das Projekt scheitert nicht an einer unzureichenden Finanzierung.

☐ Erstellen Sie für jedes Projekt unabhängig vom laufenden Geschäft einen separaten Liquiditätsplan, *denn* so erkennen Sie sofort den Finanzbedarf für das definierte Projekt.

☐ Legen Sie bei Projekten egal welcher Art ein wesentliches Augenmerk auf die drei Säulen „Planung, Organisation und Begleitung", *denn* diese nehmen großen Einfluss darauf, ob ein Projekt reibungslos ohne größere Störeinflüsse abgewickelt wird.

☐ Beachten Sie die hinzukommenden strickten Zielvorgaben, wie Start- und Endtermin und das Kostenbudget, die eingehalten werden müssen, *denn* dann laufen die Kosten nicht aus dem Ruder und es können keine Konventionalstrafen folgen, z. B. bei öffentlichen Aufträgen.

☐ Dokumentieren Sie Projektvorhaben deshalb sehr präzise bezüglich Projektstart, Projektendtermin, Kostenbudget, technischer Spezifikation und Qualitätsvorgabe, *denn* so lassen sich während der Projektabwicklung Abweichungen erkennen, sodass rechtzeitig dagegen gesteuert werden kann.

© Springer Fachmedien Wiesbaden GmbH, ein Teil von Springer Nature 2018   31
W. Erk, *Strategisches Controlling*, essentials,
https://doi.org/10.1007/978-3-658-21071-7_11

☐ Setzen Sie Planungshilfsmittel, wie Netzplantechnik, Meilensteinmethode, Balkendiagramme ein, damit der Projektendtermin und alle Zwischentermine korrekt verfolgt und eingehalten werden können, *denn* so stellen Sie sicher, dass Termineckpunkte nicht überzogen werden.

☐ Gehen Sie davon aus, Projekte weisen meist eine hohe Komplexität auf, nicht zuletzt durch ihre Einmaligkeit, daher bedürfen sie, auch wenn sie zeitlich begrenzt sind, einer sehr sorgfältigen laufenden Betreuung, *denn* dann werden sie auch erfolgreich sein.

☐ Koordinieren Sie deshalb das Projektteam und kontrollieren Sie regelmäßig den Projektfortschritt, *denn* so läuft das Projekt nicht aus den Planungsvorgaben.

☐ Stellen Sie bei Großprojekten neben dem Projektleiter einen Projektcontroller als betriebswirtschaftlichen Servicepartner, *denn* dieser entlastet den Projektleiter und sorgt für ein rentables Projekt, auch wenn zusätzliche Kosten entstehen.

☐ Führen Sie für Projekte neben einer abschließenden Nachkalkulation eine mitlaufende Kalkulation, *denn* so sehen Sie, wo das Projekt gerade kostenmäßig steht und können noch rechtzeitig Weichen für eine Kostenoptimierung stellen.

☐ Achten Sie gleichermaßen bei internen Projekten, beispielsweise der Entwicklung und Markteinführung eines Produkts oder der Einrichtung einer neuen Fertigungsanlage, auf eine ausreichende Projektbegleitung, *denn* dann werden auch diese innerbetrieblichen Vorhaben erfolgreich sein.

☐ Sorgen Sie nach Projektabschluss für eine unmittelbare und fachmännische Projektabnahme, sodass eventuell notwendige Nachbesserungen zeitnah geschehen können, *denn* dann folgen keine nachgelagerte negativen Überraschungen wie Schadensersatzansprüche.

☐ Beenden Sie ein Projekt mit einem abschließenden Bericht, der Soll- und Ist-Daten sowie Abweichungen sowohl aus technischer als betriebswirtschaftlicher Sicht enthält, *denn* so lernen Sie daraus für zukünftige Projekte und können ein regelrechtes Benchmarking betreiben.

☐ Vergessen Sie nicht, dass ein Projekt nur dann erfolgreich sein wird, wenn die Projektziele in technischer, qualitativer, terminlicher und finanzieller Sicht erreicht wurden, *denn* nur dann ist ein Projekt für Auftraggeber und Auftragnehmer zufriedenstellend.

▷   Sind all diese Empfehlungen im Bereich „Projekte" umgesetzt, ist Ihr Unternehmen bei der Abwicklung interner und externer Projekte immer erfolgreich, denn gesetzte Termine, vereinbarte Qualitätsparameter und budgetierte Kosten werden eingehalten!

Empfehlungen für Strategisches Controlling beim Anlagevermögen 12

☐ Bedenken Sie Aufwendungen für Anlagegüter sind, wenn sie sich in angemessener Zeit amortisieren, betriebswirtschaftlich nicht als Ausgaben, sondern Investitionen zu werten, *denn* sie fließen gewinnbringend zurück.

☐ Investieren Sie zeitnah in abnutzbaren Anlagen und Maschinen und nicht erst wenn sich verschleiß- oder altersbedingte Störungen ankündigen, *denn* so entsteht kein Investitionstau.

☐ Stellen Sie dennoch anstehende Investitionen infrage, ob diese unbedingt notwendig sind und sich überhaupt jemals amortisieren werden, *denn* dann verursachen Sie keine unnötigen Investitionsausgaben.

☐ Investieren Sie nicht nur in Ersatzgegenstände, sondern auch in neuartige und vor allem innovative Geschäftsausstattungen, *denn* so investieren Sie zukunftsorientiert und bringen Ihren Betrieb technologisch weiter nach vorne.

☐ Schreiben Sie Geschäftsausstattungen neben steuerrechtlichen und steueroptimierten Gesichtspunkten zudem nach deren tatsächlichen Lebens- bzw. Nutzungsdauer ab, *denn* so erhalten Sie reale Zahlen für die Kostenrechnung und Angebotskalkulation.

☐ Wägen Sie bei Investitionen nach Kostenvergleichen, Kapitalverfügbarkeit, Nutzungsdauer und Eigentumsgesichtspunkten ab, ob Kauf oder Leasing sinnvoller ist, *denn* Leasingangebote sind oft verlockend, jedoch nicht für jeden Einsatz geeignet und rentabel.

☐ Beachten Sie beim Entscheidungsprozess Kaufen oder Leasen auch den Alterungsaspekt, *denn* mit entsprechend vereinbarten Leasinglaufzeiten bleiben Sie eher auf dem neusten Stand der Technik.

☐ Überlegen Sie beim Kauf der Investitionsgüter, ob eine Eigen- oder Fremdfinanzierung infrage kommt, *denn* einerseits bleibt das Eigenkapital erhalten und andererseits erhöht sich die Amortisationszeit durch zusätzlich zu zahlende Zinsen.

© Springer Fachmedien Wiesbaden GmbH, ein Teil von Springer Nature 2018   33
W. Erk, *Strategisches Controlling*, essentials,
https://doi.org/10.1007/978-3-658-21071-7_12

☐ Bedenken Sie außerdem, dass selbst bei einer guten Eigenkapitaldecke es sinnvoll sein kann, Leasing einem Kauf vorzuziehen, wenn z. B. die momentane Bonität angespannt ist, *denn* so bleiben Sie liquider.

☐ Ziehen Sie, sobald Anschaffungen ohnehin fremd finanziert werden müssen, auf jeden Fall Leasing in Erwägung, *denn* so entfällt möglicherweise eine weitere Bankprüfung.

☐ Sprechen Sie vor Leasingentscheidungen mit Ihrem Steuerberater, *denn* er kann im konkreten Fall am besten die Vor- und Nachteile bezüglich Steuern und Bilanzierung abwägen.

☐ Wählen Sie durch Vergleichsangebote die geeignete Leasinggesellschaft aus und unterzeichnen Sie den Vertrag erst nach genauer Durchsicht, *denn* sonst gehen Sie eventuell Verpflichtungen ein, die den technischen und wirtschaftlichen Anforderungen auf Sicht nicht gerecht werden.

☐ Prüfen Sie vor Vertragsabschluss, ob eine vorzeitige Vertragskündigung und variable Leasingraten möglich sind, *denn* dadurch halten Sie sich – selbst wenn solche Alternativen etwas teurer sein können – sachliche und finanzielle Spielräume offen.

☐ Entscheiden Sie sich für Leasing, schließen Sie – soweit nicht Vertragsbestandteil – je nach Gegenstand und dessen Einsatz eine ausreichende Versicherung und einen Wartungsvertrag ab, *denn* so mindern Sie Risiken und mögliche Folgekosten.

☐ Legen Sie Wert auf Eigentum, wenn das Anlagevermögen erhalten oder aufgestockt werden soll, dann ist Leasing auszuschließen, *denn* hier liegt nur eine Nutzungsüberlassung vor, es sei denn, es lässt sich ein anschließender Kauf zum Restwert vereinbaren.

▷ Sind all diese Empfehlungen im Bereich „Anlagevermögen" umgesetzt, ist Ihr Unternehmen ohne Investitionsstau und weitsichtig technisch bestens ausgestattet und das bei einer ökonomischen Abwägung zwischen Leasing und Kauf mit Sicherstellung einer angemessenen Amortisation!

Empfehlungen für Strategisches Controlling bei der Instandhaltung

13

- ☐ Sehen Sie Instandhaltungsvorkehrungen bei industrieller Fertigung als einen wichtigen Sektor an, *denn* so vermeiden Sie, dass Anlagen- und Maschinenstörungen, sowie fehlende Ersatzteile Unterbrechungen und Ausfallkosten verursachen.

- ☐ Kümmern Sie sich um rechtzeitige und ausreichende Instandhaltungsmaßnahmen, da diese auf Dauer die Unterhaltungskosten senken und eine vorzeitige Alterung von Maschinen und Anlagen verhindern, *denn* dadurch verlangsamen Sie den Wertverzehr des Anlagevermögens und verlängern dessen Nutzungsdauer.

- ☐ Halten Sie sich dabei nicht nur den wirtschaftlichen Aspekt, sondern auch den technischen vor Augen, *denn* selbst wenn verzögerte oder gar unterlassene Instandsetzungen zunächst keine Störungen verursachen, treten diese oft später, dann allerdings häufig verstärkt auf.

- ☐ Vergessen Sie nicht, computergesteuerte Anlagen und Maschinen sowie DV-Ausstattungen werden technisch immer komplexer und somit störungsanfälliger, das ist eine Herausforderung hinsichtlich der Ursachenfindung und -behebung, *denn* durch eine laufende fachmännische Schulung beugen Sie dieser Problematik vor.

- ☐ Beachten Sie die rechtlichen Sicherheitsbestimmungen, wenn Anlagen besondere Gefahrenquellen aufweisen, z. B. bei der Verarbeitung chemischer Substanzen, *denn* diese können durch ein Aussetzen von Instandhaltungsmaßnahmen nicht mehr gewährleistet sein.

- ☐ Messen Sie daher Gefahrenquellen mit gesetzlichen Auflagen, wie Nachweispflicht der Betriebssicherheit durch regelmäßige Wartungen einen besonderen Stellenwert bei, *denn* dadurch vermeiden Sie Haftungsrisiken.

- ☐ Legen Sie Wert auf Vorkehrungen, wie terminlich fixierte Jahresrevisionen an Pflege-, Wartungsarbeiten und notwendige Mängelbeseitigungen bzw. Teilerneuerungen, *denn* das sind werterhaltende Maßnahmen, die sich finanziell immer auszahlen.

© Springer Fachmedien Wiesbaden GmbH, ein Teil von Springer Nature 2018
W. Erk, *Strategisches Controlling*, essentials,
https://doi.org/10.1007/978-3-658-21071-7_13

☐ Sichern Sie sich mit einem Instandhaltungshandbuch für wichtige Betriebsmittel ab, welches Anschaffungszeitpunkte, Wartungsintervalle und -umfänge führt, *denn* dann können Sie gelassener den Geschäftsalltag angehen, da Sie sicher sein können, dass alle Vorkehrungen getroffen sind und nicht mit größeren Ausfällen zu rechnen ist.

☐ Vergeben Sie ein festes Jahresbudget für Wartungs- und Instandhaltungsarbeiten, *denn* dann werden erfahrungsgemäß eher alle Maßnahmen gemäß dem Instandhaltungshandbuch durchgeführt und nicht zeitlich verschoben, weil vielleicht andere Maßnahmen Priorität haben oder derzeit die finanziellen Mitteln fehlen.

☐ Betreiben Sie bei einem anlageintensiven Betrieb ein Instandhaltungsmanagement zur Entwicklung und Lenkung der Instandhaltung mit einer Abweichungsanalyse zum technischen Sollzustand, *denn* das garantiert eine langfristige und stabile Betriebssicherheit.

☐ Legen Sie dabei die für Ihren Betrieb individuellen Instandsetzungsrichtlinien nach Art, Umfang und Kosten fest, da diese bestimmt werden durch Abnutzung und Verschleiß aufgrund der gegebenen Anlageintensität und des Anlagealters, *denn* so betreiben Sie eine optimale Instandhaltungsphilosophie.

☐ Überlegen Sie, sobald eine Wartung bzw. Reparatur ansteht, ob diese sich finanziell noch lohnt und ob das Investitionsgut technisch noch aktuell ist, *denn* dann sind Sie sicher, dass weiterhin rationell und wirtschaftlich produziert werden kann.

☐ Betrachten Sie Instandhaltungsaufwendungen, unabhängig von steuerlichen Bewertungen, als Investitionsausgaben und nicht als laufende Geschäftskosten, *denn* diese amortisieren sich durch einen stabilen Produktionsprozess.

☐ Wägen Sie zwischen der notwendigen Verfügbarkeit des jeweiligen Sachmittels und den anstehenden Wartungskosten ab und ziehen Sie dabei auch ein Outsourcen von Instandhaltungsprozessen in Betracht, *denn* auf das Kosten-/Nutzenverhältnis kommt es letztendlich an.

☐ Bedenken Sie, dass Instandhaltungsunterlassungen die Lebensdauer rapide verkürzen und dadurch die Lebenszykluskosten überproportional ansteigen können, *denn* wenn Sie das beachten geht Ihre anfängliche Investitionsrechnung mit einer angemessenen Amortisationszeit mit Sicherheit auf.

▷ Sind all diese Empfehlungen im Bereich „Instandhaltung" umgesetzt, ist Ihr Unternehmen in seiner Geschäftsausstattung gefestigt und hat keine größeren Betriebsunterbrechungen oder gar Totalausfälle zu erwarten, zudem bleibt der Anlagewert im Verhältnis zur Restnutzungsdauer stabil!

Empfehlungen für Strategisches Controlling in der Materialwirtschaft

14

☐ Achten Sie darauf, dass bei allen Materialeinkäufen das Preis-Leistungs-Verhältnis in Abhängigkeit zur Bestellmenge, zum Jahresbedarf und der erforderlichen Lieferqualität stimmig ist, *denn* so optimieren Sie die Materialkosten und verbessern dadurch den Rohertrag.

☐ Verhandeln Sie mit Ihren A- und B-Lieferanten über Einkaufspreise und einen zusätzlichen Jahresbonus, *denn* solche Preisnachlässe können, je nach Materialintensität Ihres Umsatzes, in der Summe durchaus die Höhe eines Jahresgewinns erreichen.

☐ Sprechen Sie mit Ihren Lieferanten stets über Möglichkeiten einer Skontierung und deren Höhe, *denn* das ist geschenktes Geld, wofür Sie dementsprechend mehr Umsatz generieren müssten.

☐ Denken Sie daran eingeräumte Skonto-Abzugsmöglichkeiten von Ihren Lieferanten immer voll in Anspruch zu nehmen, *denn* 2 % Skonto rechnen sich bei einem zweiwöchigen Zahlungsziel zu einem Jahreszinssatz von über 50 % hoch.

☐ Nehmen Sie deshalb die Begleichung der Lieferantenrechnungen innerhalb des skontierbaren Zahlungsziels vor, auch bei Beanspruchung eines Kontokorrentkredites, *denn* dieser Bankzinsbetrag ist weitaus niedriger als der Skonto-Abzugsbetrag.

☐ Legen Sie nicht nur Wert auf den günstigen Bezugspreis, sondern gleichermaßen auf Lieferpünktlichkeit und Qualität der zu beschaffenden Rohstoffe, Produkte und Dienstleistungen, *denn* nur so unterbinden Sie spätere Kundenreklamationen und Folgekosten.

☐ Machen Sie sich bei den A- und B-Einkaufspositionen nicht von einem Lieferanten abhängig, *denn* so entstehen keine Lieferengpässe und -ausfälle, sowie möglicherweise überhöhte Einkaufspreise.

© Springer Fachmedien Wiesbaden GmbH, ein Teil von Springer Nature 2018 37
W. Erk, *Strategisches Controlling*, essentials,
https://doi.org/10.1007/978-3-658-21071-7_14

☐ Nehmen Sie, wenn notwendig, rechtzeitig Einfluss auf die Einhaltung der Liefertermine, *denn* dann können sich in der Folge der Logistikkette auch Ihre Kunden auf zugesagte Termine verlassen.

☐ Bewerten Sie Ihre Lieferanten regelmäßig im Hinblick auf Qualität, Liefertreue und Preisgestaltung, *denn* so erhalten Sie Argumente für zukünftige Verhandlungen, um die Einkaufsbedingungen punktuell weiter zu verbessern.

☐ Beschaffen Sie Ihre Ware nach Möglichkeit „Just in Time" oder auf Kommission, *denn* dann wird die Liquidität nicht strapaziert, es entsteht kein Warenüberschuss, der zu Ladenhütern führen kann und somit zu Verschwendungen beiträgt, was zudem den Gewinn schmälert.

☐ Halten Sie Ihr Umlaufvermögen an Vorräten, ob Rohmaterial oder Fertigware gering, jedoch optimiert nach der Umschlagshäufigkeit, sodass Sie immer lieferfähig bleiben, *denn* so binden Sie kaum unnötig Kapital und gewähren stets die Lieferfähigkeit für Ihre Kunden.

▶ Sind all diese Empfehlungen im Bereich „Materialwirtschaft" umgesetzt, ist nicht nur Ihre Produktion, sondern sind in der Folge auch Ihre Kunden warenmäßig bestens versorgt, zudem tragen ein gezieltes Einkaufen und ein optimiertes Umlaufvermögen zu einem erhöhten Gewinn bei!

Empfehlungen für Strategisches Controlling in der Produktion 15

- ☐ Überlegen Sie, wie viel Wertschöpfung Sie durch Eigenproduktion über die Fertigungstiefe und -breite einbringen möchten, was mit mehr Arbeitskräften, Betriebsmitteln und Materialien, aber nicht unbedingt mit einer höheren Gewinnsumme einhergeht, *denn* so können Sie Aufwand und mögliche Geschäftsrisiken begrenzen.
- ☐ Wägen Sie beim Wertschöpfungsgedanken vor allem ab, ob es sich um Einzel-, Serien- oder Massenfertigung handelt, *denn* davon hängt entscheidend die Investitionshöhe für die Fertigungsanlagen und den sonstigen Hilfsmittel ab.
- ☐ Beziehen Sie bei Massenfertigungen die notwendigen Investitionen für eine aktuelle und ausreichende Technisierung mit ein, die sich prozessmäßig gegebenenfalls vom Rohstoff bis zum fertigen Gut erstrecken muss, *denn* nur dann ist ein wirtschaftliches Produzieren gegeben.
- ☐ Versuchen Sie soweit technisch möglich, wirtschaftlich sinnvoll und vom Markt akzeptiert die zu fertigen Produkte und die dafür erforderliche Fertigungstechnik zu standardisieren, *denn* dadurch erhalten Sie eine schlanke und rentable Produktion.
- ☐ Loten Sie den Automatisierungsgrad zwischen vertretbaren Investitionskosten, geringem Rüstaufwand und niedrigen Stückkosten so aus, dass Sie stets wirtschaftliche Fertigungslose herstellen können, *denn* dann wird das Optimum zwischen Produktion, Bedarfsmengen und Lagerungskosten erreicht.
- ☐ Verschlanken Sie Ihre Fertigung nicht nur durch bloße Rationalisierungen, sondern lassen die „Wertanalyse-Methode" mit einfließen, die eine höhere Produktionsleistung bei gleichbleibenden Kosten bewirken kann, *denn* damit optimieren Sie die Fertigungsprozesse ohne dass die Qualität darunter leidet.

© Springer Fachmedien Wiesbaden GmbH, ein Teil von Springer Nature 2018
W. Erk, *Strategisches Controlling*, essentials,
https://doi.org/10.1007/978-3-658-21071-7_15

☐ Ergänzen Sie diese noch mit der Methode „Kaizen", *denn* sie unterbindet mit ihrer konsequenten Anpassungsstrategie systematisch Blindleistungen wie Warte-, Liege- und Stillstandzeiten, sowie lange Organisationswege, zu viele Schnittstellen und womöglich Doppelarbeit.

☐ Kennen Sie die Produktionsauslastung in allen Fertigungsstätten, *denn* dann kann es nicht passieren, das Sie möglicherweise durch Auftragsablehnungen Deckungsbeiträge verschenken, obwohl noch einzelne Fertigungskapazitäten verfügbar wären.

☐ Sorgen Sie für größere Auslastungslücken vor, sowohl mit zusätzlichen Auslastungsaufträgen als auch einem variablen Personalanteil, *denn* so entstehen keine Stillstandzeiten und die Fixkosten der Produktion werden ausreichend gedeckt.

☐ Schulen Sie Ihre Fachkräfte in der Produktion ausreichend auf die vorhandenen Anlagen und Maschinen hinsichtlich Programmierung, Wartung usw., *denn* dann entsteht nicht so leicht ein fehlerhafter Teileausstoß oder gar eine Produktionsunterbrechung.

☐ Ziehen Sie bei einer eigenen Produktion alle Varianten der Energietechnik von ihrer Gewinnung, Umwandlung und Speicherungsmöglichkeiten mit ein, *denn* so leisten Sie einen Betrag zur Energieoptimierung und reduzieren zudem Ihre Fertigungskosten.

☐ Wägen Sie durch Make-or-Buy-Betrachtungen ab, ob ein Selbstproduzieren in die Tiefe, beispielsweise mit eigenen Fertigungsstätten für die Einzelteilherstellung oder nur die Durchführung der Endmontage mit Zukauf der Bauelemente wirtschaftlicher ist, *denn* dann sind Sie auf der sicheren Seite die maximale Rendite zu erzielen.

▶ Sind all diese Empfehlungen im Bereich „Produktion" umgesetzt, ist Ihr Unternehmen in der Produktion so aufgestellt, dass Sie stets die bedarfsgerechten Mengen zu vertretbaren Kosten mit einem rentablen Investment und gegebenenfalls unter Einbezug von Fremdfertigung gewinnbringend herstellen können!

Empfehlungen für Strategisches Controlling im Vertrieb 16

☐ Behalten Sie und Ihre Mitarbeiter in Ihrem Unternehmen stets das oberstes Gebot „Der Kunde ist König" vor Augen, *denn* er bringt das Geld in die Geschäftskasse.

☐ Sorgen Sie beim ersten Kundenkontakt für einen möglichst direkten Zugang zu den zuständigen Abteilungen durch Bereitstellung relevanter Telefon-, Faxdurchwahl und Mailadressen und beim Zweitkontakt für einen persönlichen Ansprechpartner, *denn* das erleichtert die Kommunikation und schafft Vertrauen beim Kunden.

☐ Stellen Sie sicher, dass Firmenbesucher einen Parkplatz, einen einladenden Eingangsbereich und eine höfliche Empfangsperson sowie ordentliche Geschäftsräume vorfinden, *denn* bereits hier vermitteln Sie die ersten und meist unwiderruflichen Eindrücke von Ihrem Unternehmen vor Ort.

☐ Eruieren Sie Ihre Kundenstruktur, die Anliegen, Belange und den Bedarf Ihrer Kunden ausreichend, *denn* so können Sie sich auf Ihre Kundenbedürfnisse voll und ganz einstellen und Ihr Unternehmen danach ausrichten.

☐ Behandeln Sie jeden Kunden als Individuum und hören Sie seine persönlichen Wünsche immer genau an, *denn* so stellen Sie ein echtes Vertrauensverhältnis zum Kunden her.

☐ Pflegen Sie jeden Kunden so, dass er ein langfristiger Partner wird, denken Sie dennoch, auch bei über Jahre gewachsen enge Kundenbeziehungen regelmäßig an Neukundenakquise, *denn* dann kann trotz einem plötzlichen Kundenausfall, aus welchen Grund auch immer, kein erheblicher Umsatzeinbruch entstehen.

☐ Machen Sie sich nicht von einem oder wenigen Großkunden abhängig, *denn* so entsteht beim Abspringen solcher Partner kein zu großer bzw. totaler Umsatzausfall, was im Extremfall das „Aus" Ihres Unternehmens zur Folge haben kann.

© Springer Fachmedien Wiesbaden GmbH, ein Teil von Springer Nature 2018   41
W. Erk, *Strategisches Controlling*, essentials,
https://doi.org/10.1007/978-3-658-21071-7_16

☐ Holen Sie, bevor Sie ein Geschäft mit einem Neukunden eingehen, stets Auskünfte über seine Bonität ein, *denn* dann drohen keine bösen Überraschungen bis hin zum totalen Zahlungsausfall.

☐ Wägen Sie bei Exportgeschäften immer alle Auslandsrisiken ab, seien es behördliche Auflagen, Wechselkursrisiken, Zollprobleme, politische Lage usw., *denn* dann können keine Folgekosten, Konventionalstrafen und Zahlungsausfälle entstehen.

☐ Verstehen Sie sich nicht nur als Anbieter und Lieferant von Produkten und Dienstleistungen, sondern als kompetenten Problemlöser für Ihre Kundenanliegen, *denn* dann bewirken Sie eine starke Kundenbindung und Sie heben sich deutlich von vielen Wettbewerbern ab.

☐ Erfüllen Sie auch nach dem Verkauf die Reklamationsbearbeitungen, Gewährleistungen und Ersatzteilversorgungen voll und ganz zur Zufriedenheit Ihrer Kunden, *denn* dann kommen diese Kunden bei Bedarf immer wieder auf Sie zu.

☐ Legen Sie großen Wert auf einen ausgezeichneten Kundenservice und führen Sie in regelmäßigen Abständen Kundenzufriedenheitsanalysen durch, die Sie auch sorgfältig auswerten, *denn* so erfahren Sie die Erwartungen und Wünsche Ihrer Kunden und können sie gezielt und nachhaltig erfüllen.

☐ Denken Sie daran, nicht die Umsatzmaximierung ist ausschlaggebend, sondern vielmehr die Umsatzstetigkeit und der verbleibende Rohertrag, sprich die Differenz zwischen dem fakturierten Erlös und Materialeinsatz, *denn* nur er nimmt direkten Einfluss auf den Gewinn.

☐ Gehen Sie mit dem Gewähren von Skonto sehr sparsam um und machen Sie sich dies immer wieder von neuem bewusst, *denn* dann schmälern Sie nicht leichtfertig den Erlös und somit den Gewinn.

☐ Beachten Sie bei Umsatzplanungen auch eine gewisse Konjunkturabhängigkeit und sorgen Sie daher rechtzeitig für Füllaufträge, *denn* dann können Sie sicher sein, dass die Fixkosten voll gedeckt werden.

☐ Zahlen Sie Ihren Außendienstmitarbeitern eine am Rohertrag und nicht am Umsatz orientierte Provision, *denn* so löhnen Sie nicht für Scheinerfolge, wenn bestimmte Umsatzanteile nicht gewinnbringend waren.

☐ Gewähren Sie zusätzlich Jahresboni, die der ganzen Verkaufsmannschaft und nicht nur dem Außendienst zugutekommen, da jeder einzelne Vertriebsmitarbeiter zum Erfolg beigetragen hat, *denn* dann bringen Sie keine Ungerechtigkeit und Unruhe in Ihren Vertriebsbereich.

☐ Optimieren Sie die Suchmaschine für Ihr Online-Geschäftsportal so, dass Ihre Angebotsplatzierung auf einen vorderen Rang gelangt, *denn* dann sind Sie optimal erreichbar, haben wenig Streuverluste, erzielen eine große Reichweite und sind auch für potenzielle Neukunden gut sichtbar.

☐ Informieren Sie sich in Ihrem Vertriebseinzugsgebiet gründlich über alle Wettbewerber und deren Produkte, Dienstleistungen, Vorgehensweisen, Marktstellung und Marktanteil, *denn* dann können Sie mit gezielten Strategien erfolgreich gegensteuern.

☐ Beobachten Sie sorgfältig die Marktentwicklung in Bezug auf zukünftige Kundenbedürfnisse, technische Innovationen und Preispolitik, *denn* dann können Sie rechtzeitig auf Marktveränderungen agieren.

☐ Sehen Sie die Globalisierung mit ihrer Wettbewerbs- und Angebotsvielfalt auch als Chance, aber machen Sie sich nicht abhängig von großen Konzernen, *denn* dann profitieren Sie auch beim Einkauf Ihrer Rohmaterialien, sowie Fertigerzeugnissen und können zudem Ihre Angebotspalette erweitern ohne in Abhängigkeit zu geraten.

☐ Denken Sie bei Ihrem Geschäftsgebaren an mögliche Risiken durch Gesetze, Vorschriften, Umwelteinflüsse und sichern Sie sich dagegen ausreichend ab, *denn* dadurch unterbinden Sie von Beginn an eventuell spätere Kostenforderungen, die im ungünstigsten Fall Ihr ganzes Unternehmen in Gefahr bringen können.

▷ Sind all diese Empfehlungen im Bereich „Vertrieb" umgesetzt, muss Ihr Unternehmen nicht immer wiederkehrend und kurzfristig Absatz generieren, sondern setzt auf kontinuierliches mittel- bis langfristiges Wachstum, zufriedene Stammkunden und damit auf Deckungsbeitragsoptimierung und Gewinnerhöhung!

Empfehlungen für Strategisches Controlling in der Logistik 17

☐ Betrachten Sie die Logistik als ein planerisches, koordinierendes und ausführendes Flussprinzip, *denn* dann bringt sie die richtigen Güter, in der notwendigen Menge, zum vorgesehenen Zeitpunkt zum jeweiligen Zielort und dies zu optimierten Kosten.

☐ Durchleuchten Sie mit Ihren Lieferanten die Logistikgesichtspunkte hinsichtlich flexibler und bedarfsgerechter Anlieferungen, bis hin zu „Just in Time-Lieferungen", *denn* das verringert die Kapitalbindung sowie Lager- und Prozesskosten.

☐ Folgen Sie den Logistikgesichtspunkten auch bei der Material- und Wareneinlagerung sowie deren Ausgabe, indem geeignete Erfassungs- und Lagersysteme sowie Transportmittel zum Einsatz kommen, *denn* so werden Produktionsstätten mit Rohmaterial und Kunden mit Fertigwaren reibungslos versorgt.

☐ Lassen Sie auch in der Produktion den Logistikgedanken gewähren, selbst wenn Fertigungsanlagen und Maschinen durch ihre Prozesssteuerung einem automatisierten und somit logischen Ablauf folgen, *denn* so können noch verborgene Rationalisierungschancen aufgedeckt werden und eine weitere Optimierung wird möglich.

☐ Messen Sie der Logistik im Fertigwarenlager hinsichtlich der Kommissionierung einen besonderen Stellenwert bei, *denn* dann werden über die Warendistribution die Händler und Endkunden zufriedenstellend bedient.

☐ Berücksichtigen Sie die Logistik auch bei der Ersatzteilverfügbarkeit und deren Lieferung, *denn* so erfahren Ihre Kunden bei defekten Artikeln eine kurzfristige und zuverlässige Versorgung mit adäquaten Ersatzteilen, sodass die Ausfallzeit gering bleibt.

☐ Investieren Sie ausreichend in geeignete Transportmittel für den internen und externen Geschäftsverkehr, *denn* dann kann die Ware auch physisch schnell, sicher und unbeschädigt von A nach B gelangen.

© Springer Fachmedien Wiesbaden GmbH, ein Teil von Springer Nature 2018
W. Erk, *Strategisches Controlling*, essentials,
https://doi.org/10.1007/978-3-658-21071-7_17

☐ Legen Sie einen weiteren Schwerpunkt auf den abschließenden Versand, egal ob dieser mit LKW, Schiff, Bahn oder Flugzeug erfolgt, *denn* erst wenn die Waren termingetreu und unversehrt beim Endkunden angekommen sind, schließt sich die Logistikkette.

☐ Wählen Sie daher für Ihr Warensortiment und Kundeneinzugsgebiet die geeignete Spedition aus, *denn* so erhalten die Endkunden ordnungsgemäß und ohne Verzögerungen ihre Lieferungen.

☐ Denken Sie gegebenenfalls auch an ein Outsourcen bestimmter Logistikprozesse, wie Warenlagerung einschließlich Kommissionierung, Versand und Rechnungsstellung, *denn* das kann in bestimmten Fällen kostengünstiger und effektiver sein.

☐ Gehen Sie davon aus, dass sich Kunden heutzutage immer mehr im Internet darüber informieren, wo sich ihre bestellte Ware im Augenblick befindet, *denn* das wird in naher Zukunft auf breiter Ebene der Normalfall sein und die Kunden wollen das nicht mehr missen.

☐ Vernachlässigen Sie nicht die Entsorgungslogistik, *denn* sie sorgt dafür, dass nicht mehr benötigte Gegenstände und Substanzen, welcher Art auch immer, umweltschonend und kostengünstig entsorgt und brauchbare Reststoffe einer Wiederverwertung zugeführt werden.

☐ Unterschätzen Sie nicht die Informationslogistik, die für reibungslose Informationsflüsse zwischen den internen Abteilungen und vom Unternehmer zu Lieferanten, Händlern und Banken sorgt, *denn* ein schneller Informationsfluss mit dem richtigen Inhalt trägt mehr denn je zum Unternehmenserfolg bei.

☐ Bedenken Sie immer, Logistikaufgaben sind keineswegs isoliert zu sehen, sondern als eine Querschnittfunktion, wodurch Zielkonflikte entstehen können, welche soweit möglich zu vermeiden bzw. auszuräumen sind, *denn* dann überwiegen stets die Vorteile einer ganzheitlichen Logistik.

☐ Schließen Sie daher, wenn notwendig Kompromisse zwischen den einzelnen Logistikzielen wie z. B. Warenverfügbarkeit, Lager- und Versandkosten, Liegezeiten, *denn* so lässt sich ein Optimum in der Logistik und ihren Prozesskosten erreichen.

▷ Sind all diese Empfehlungen im Bereich „Logistik" umgesetzt, wird Ihr Unternehmen bei allen internen und externen Lieferungen von A nach B, egal ob es sich um Rohmaterialien, Fertigwaren, Ersatzteile oder Informationen handelt, stets die Termine einhalten und das bei optimierten Prozesskosten!

Empfehlungen für Strategisches Controlling im Finanzwesen mit seinen Einnahmen und Ausgaben 18

☐ Gehen Sie mit Rabatten und sonstigen Preisnachlässen, wie Skonto, Boni, vor allem wenn sie nicht zusätzlich einkalkuliert sind, sehr sparsam um, *denn* diese können sich zu einem beachtlichen Betrag aufsummieren, der Ihrem Unternehmen am Jahresende an Gewinn fehlt.

☐ Bedenken Sie, dass nachträgliche Preisnachbesserungen nach oben so gut wie ausgeschlossen sind, daher sollten Kalkulationsfehler unbedingt vermieden werden, *denn* dann müssen Sie keine Leistungen erbringen, die nicht honoriert werden und Ihren Ertrag schmälern.

☐ Beziffern Sie Ihr Unternehmergehalt bemessen an Ihrer Qualifikation, Ihrem Arbeitseinsatz und der örtlichen Gegebenheit, *denn* nur dann können Sie so viel oder mehr als das verdienen, was Sie als Angestellter am freien Arbeitsmarkt erhalten würden.

☐ Entnehmen Sie diesen Unternehmerlohn – sofern Sie kein festes Geschäftsführergehalt z. B. aus einer GmbH beziehen – voll aus dem Geschäftsüberschuss, *denn* nur wenn dieser das dauerhaft ermöglicht, sind Sie als Unternehmer gleich oder besser gestellt als ein Angestellter in vergleichbarer Position.

☐ Vernachlässigen Sie bei einer betrieblichen Nutzung von Eigentum wie Lagerhallen, Büroräume usw. auf keinen Fall die kalkulatorische Miete, die mit zu erwirtschaften ist, *denn* so erzielen Sie auch bei einer Eigennutzung Einnahmen als läge eine Fremdvermietung vor.

☐ Hinterfragen Sie bei sämtlichen Bestellungen, ob diese zwingend notwendig sind, *denn* nur so vergeuden Sie keine Kleinbeträge, die sich durchaus zu einem beachtlichen Gesamtbetrag aufsummieren können.

☐ Durchforsten Sie in regelmäßigen Abständen systematisch und kostenstellenbezogen alle Kostenarten, *denn* dadurch entdecken Sie wiederholt Einsparpotenziale und können die laufenden Aufwendungen dauerhaft niedrig halten.

© Springer Fachmedien Wiesbaden GmbH, ein Teil von Springer Nature 2018   47
W. Erk, *Strategisches Controlling*, essentials,
https://doi.org/10.1007/978-3-658-21071-7_18

☐ Schauen Sie sich dabei in den einzelnen Geschäftsfeldern und Abteilungen, insbesondere Ihre unternehmensspezifischen Kostenschwerpunkte an, seien es Produktions-, Logistik- und Transportkosten oder auch andere, *denn* hier kann ein beachtliches Einsparpotenzial liegen.

☐ Verfolgen Sie dabei nur die werthaltigen A- und B- Ausgabepositionen, *denn* dann steht der Arbeitsaufwand im Verhältnis zum Einsparvolumen.

☐ Denken Sie auch an die Optimierung des Energieverbrauchs, dessen Kosten stetig steigen und der zudem eine nicht unerhebliche Umweltbelastung verursacht, *denn* dann haben Sie neben einer Ausgabenreduzierung auch einen Klimaschutzbeitrag geleistet.

☐ Bedenken Sie, dass Sachaufwendungen ab einer gewissen Höhe nicht nur Ausgaben, sondern durchaus Investitionen darstellen können, nämlich wenn sie sich amortisieren und gewinnbringend zurückfließen, *denn* dann sind es lohnende Aufwendungen.

☐ Vergessen Sie niemals, der Gewinn ist die kleine Differenz zwischen Einnahmen und Ausgaben, deshalb gilt es diese Marge bei jedem Einzelgut, Auftrag oder Projekt zu optimieren, *denn* nur dann können Sie auch erwarten, dass am Jahresende Ihre Gewinnvorstellung erreicht wird.

☐ Sorgen Sie nachhaltig für eine ausgewogene Kapitalstruktur mit dem für Ihre Unternehmensart richtigen Verhältnis zwischen Eigen- und Fremdkapital, *denn* dann lassen Sie die Banken bei einem notwendigen Geldbedarf nicht im Stich.

☐ Nehmen Sie Kapital von Ihren Mitarbeitern an, wenn sie sich finanziell beteiligen wollen, *denn* das macht Sie unabhängiger von Banken, deren Sicherheitsauflagen immer höher werden, zudem bindet dies Ihre Mitarbeiter enger ans Unternehmen.

☐ Beanspruchen Sie bei längeren oder wiederkehrenden Liquiditätsengpässen lieber ein kurzfristiges Darlehen, als einen Überziehungskredit, *denn* Darlehen sind immer zinsgünstiger.

☐ Beachten Sie stets, dass Liquidität Vorrang vor Wirtschaftlichkeit haben muss, da sich selbst bei guter Geschäftslage kurzfristig eine Zahlungsunfähigkeit einstellen kann, *denn* so unterbinden Sie die Gefahr einer möglichen Insolvenz, wenn Banken Sie nicht unterstützen sollten.

☐ Kaufen Sie nicht übermäßig auf Vorrat ein, auch nicht wenn Waren besonders preiswert sind, *denn* so halten Sie Bestände niedrig, binden kein unnötiges Kapital und laufen zudem keine Gefahr, dass Waren altern oder sogar wertlos werden.

☐ Prüfen Sie stets die Bonität Ihrer Großkunden, damit sich kein größerer Zahlungsausfall ereignet, *denn* dann kann Ihr Unternehmen in keine Verlustzone geraten und womöglich eine Zahlungsunfähigkeit und folglich eine Insolvenz hervorrufen.

☐ Betreiben Sie ein effektives Forderungsmanagement und mahnen regelmäßig nicht rechtzeitig beglichene Rechnungen an, sonst können Liquiditätsprobleme aufkommen, da Zahlungen verspätet oder gar nicht eingehen, *denn* so vermeiden Sie finanzielle Engpässe und bleiben stets zahlungsfähig.

☐ Denken Sie auch an die Möglichkeit des Factorings für die Übertragung der Forderungen, was sofortige Liquidität bewirkt, Zahlungsausfälle vermeidet, ein eigenes Mahnwesen überflüssig macht und das Bankrating verbessern kann, *denn* diese Auslagerung kann Ihr Finanzwesen beachtlich entlasten.

☐ Wägen Sie dennoch aufgrund der Verkaufspalette und Kundenstruktur ab, ob ein Factoring überhaupt bzw. in welchen Geschäftssegmenten sinnvoll ist, *denn* dann geben Sie keine Factoring-Gebühren aus, die nicht lohnend sind.

☐ Vermeiden Sie unter allen Umständen riskantes Geschäftsgebaren, undurchsichtige Aufträge, übertriebene Investition und dergleichen, *denn* dann werden Sie Ihr Unternehmen keine leichtfertigen Gefahren aussetzen.

▶   Sind all diese Empfehlungen im Bereich „Finanzwesen mit seinen Einnahmen und Ausgaben" umgesetzt, ist Ihr Unternehmen gewinnbringend und kapitalstark, denn die notwendigen Vorkehrungen bezüglich einer nachhaltigen Kosten- und Ertragsoptimierung und stetigen Liquidität sowie einer Risikovermeidung werden erfüllt!

☐ Sorgen Sie dafür, dass Ihr Unternehmen durch die Medien und Werbung weitreichend und dauerhaft bekannt bleibt, *denn* so erfahren Öffentlichkeit, Händler und Kunden wiederholt von Ihrem Geschäft und der Angebotspalette.

☐ Achten Sie darauf, dass Ihre angebotenen Leistungen technologisch aktuell und am Markt präsent sind und das Preisleistungsverhältnis stimmt, *denn* dann sind Sie auf dem richtigen Erfolgskurs und müssen keine Versäumnisse aufholen.

☐ Wissen Sie genau, wo Ihre persönlichen Kernkompetenzen liegen, *denn* dann können Sie diese gezielt forcieren, weiter pflegen und sich dadurch verstärkt von den Wettbewerbern abheben.

☐ Kreieren Sie in Ihren angebotenen Leistungen Alleinstellungsmerkmale, die nach Möglichkeit auch rechtlich z. B. durch Patente geschützt sind, *denn* das stellt Ihr Unternehmen besonders heraus und schirmt Wettbewerber ab.

☐ Kommunizieren und pflegen Sie neben Ihren Alleinstellungsmerkmalen und sonstigen firmenspezifischen Werten auch disziplinare Gesichtspunkte wie soziales Engagement, *denn* das beeinflusst Kaufentscheidungen positiv.

☐ Betreiben Sie eine umweltschonende Unternehmenspolitik, *denn* so erreichen Sie auch umweltbewusste Kunden, die vielleicht sonst nicht bei Ihnen kaufen würden.

☐ Sorgen Sie für stetiges, jedoch kein zu schnelles Wachstum und somit für nachhaltige Wertschöpfung, *denn* so steigern Sie schrittweise ein stabiles Ertragsvolumen.

☐ Pflegen Sie Ihr Firmenimage und Betriebsklima sehr sorgfältig, *denn* dann müssen Sie diesbezüglich nicht mit negativen Meinungen und Folgen rechnen, die oft erst nach längerer Zeit wirksam werden und Ihr Ansehen schädigen können.

© Springer Fachmedien Wiesbaden GmbH, ein Teil von Springer Nature 2018   51
W. Erk, *Strategisches Controlling*, essentials,
https://doi.org/10.1007/978-3-658-21071-7_19

☐ Kennen Sie all Ihre Stärken und Chancen mit denen Sie eine ausgezeichnete Firmenpräsenz, einen strukturierten Vertrieb, aktuelle Produkte und hervorragenden Service erreichen können, *denn* dann behaupten Sie sich stets am Markt.

☐ Nehmen Sie auch Ihre Schwächen z. B. angenommene hohe Strukturkosten, Fachkräftemangel, etc., ernst und beseitigen Sie diese soweit möglich, *denn* dann können aus Schwächen sogar noch Stärken hervortreten oder es lässt sich zumindest eine Balance zwischen den positiven und negativen Einflüssen herstellen.

☐ Lassen Sie Ihre Mitarbeiter bei der Geschäftsentwicklung mitgestalten und das mit möglichst viel Freiraum, *denn* unternehmerisch mitwirken zu dürfen motiviert sie und engagierte Mitarbeiter bringen Ihr Unternehmen weiter nach vorne.

☐ Gehen Sie noch einen Schritt weiter und beteiligen Sie Ihre Mitarbeiter auch finanziell am Unternehmen, sodass sie Mitunternehmer werden, *denn* das bewirkt eine starke gemeinschaftliche Unternehmensausrichtung.

☐ Denken Sie daran, nicht das Firmenkapital bringt den langfristigen Unternehmenserfolg, sondern die Belegschaft, *denn* in der Summe aller Mitarbeiter steckt ein nicht zu unterschätzendes Potenzial an Wissen, Können und Erfahrung.

☐ Sorgen Sie rechtzeitig für geeignete Aus- und Weiterbildungen sowie Beförderungen Ihrer Mitarbeiter, *denn* so ziehen Sie Ihre eigenen Fach- und Führungskräfte heran, die am Arbeitsmarkt oft knapp sind und steigern zudem den Wert des Unternehmens-Knowhows.

☐ Pflegen Sie einen regelmäßigen Wissensaustausch mit den zu Ihrer Branche gehörigen Institutionen, wie z. B. Fachhochschulen und besuchen Sie Messen und Veranstaltungen, *denn* das hält Ihr Unternehmerwissen auf dem neuesten Stand.

☐ Tauschen Sie sich außerdem mit anderen Unternehmern aus und betrachten Sie diese nicht nur als Konkurrenten, sondern auch als wertvolle Gesprächspartner, *denn* dort erfahren Sie sehr oft interessante und praxisrelevante Informationen.

☐ Betreiben Sie Benchmarking und leiten Sie daraus Erfahrungen für Ihre neuen Geschäftsvorhaben ab, *denn* das kann für derartige Planungen und deren Umsetzungen sehr hilfreich sein und womöglich Risiken mindern.

☐ Bauen Sie sinnvolle Netzwerke auf und pflegen Sie diese, *denn* Geschäftsempfehlungen aus Netzwerken sind besonders wertvoll, da sie wesentlich kostengünstiger und meist wirkungsvoller sind als Anzeigen oder sonstige Werbemedien.

☐ Beharren Sie nicht darauf, alles selbst in die Hand nehmen zu wollen, sondern gehen Sie strategische Allianzen ein, *denn* eine Zusammenarbeit mit anderen Partnern bringt oft sinnvolle und preiswerte Synergien ein.

☐ Wirtschaften Sie umweltbewusst und somit nachhaltig, durch Einsparmöglichkeiten im Material- und Energiesektor und verbessern Sie langfristig deren Effizienz, *denn* so schonen Sie diese immer knapper und teurer werdenden Ressourcen.

☐ Schließen Sie den Nachhaltigkeitsgedanken bei zukünftigen Vorhaben stets mit ein, sei es bei der Kreation neuer Produkte, eine Investition in modernere Fertigungsverfahren oder neuer Gebäude, *denn* hier ist ein rechtzeitiges Agieren angesagt, da ein Reagieren dies nicht mehr bewerkstelligen kann.

☐ Bringen Sie ökologische und soziale Aspekte mit den wirtschaftlichen Faktoren in Einklang, *denn* dann handeln Sie in Ihrer Unternehmerverantwortung ganzheitlich.

☐ Erarbeiten Sie zusammen mit Ihrer Belegschaft eine Zukunftsvision, auf der Ihre Geschäftsphilosophie und Unternehmenskultur fußt, *denn* dann sind Sie vielen Mitbewerbern mit technischen und marktmäßigen Vorsprüngen voraus.

☐ Arbeiten Sie strikt daran, dass diese Vision auch greifbar wird, sich in konkrete Ziele umwandeln lässt und geeignete Umsetzungsmaßnahmen folgen, *denn* nur dann wird Ihre anfängliche Vision zur Realität.

☐ Vereinen Sie in Ihrer Unternehmensphilosophie auch Nachhaltigkeit, Zuverlässigkeit und Toleranz, *denn* das verschafft Ihnen bei allen Geschäftspartnern in jeder Hinsicht Vertrauen für lang anhaltende Geschäftsbeziehungen.

☐ Stehen Sie auch zu immateriellen Werten wie Ethik, Moral und Ehrlichkeit und nehmen Sie diese in das Unternehmensleitbild mit auf, *denn* das überzeugt die Gesellschaft, Kunden und Mitarbeiter gleichermaßen.

▶ Sind all diese Empfehlungen im Bereich „Unternehmensentwicklung" umgesetzt, ist Ihr Unternehmen nicht nur auf Wachstum ausgerichtet, Ihre Unternehmenskultur verkörpert dann auch Werte, Normen und Einstellungen, die Mitarbeiter und Kunden langfristig binden und für eine fundierte Nachhaltigkeit sorgen!

Schlussbetrachtung 20

Ich hoffe, das hier dargelegte Controlling gänzlich ohne Zahlen konnte Sie überzeugen. Mit Sicherheit werden diese empfohlenen Maßnahmen Ihre Gewinne erhöhen und das Eigenkapital weiter aufstocken. Darüber hinaus werden die finanziellen und betriebswirtschaftlichen Kennzahlen für Ihr Bank-Rating verbessert.

Entscheidend ist jedoch, dass Sie alle für Ihr Unternehmen zutreffenden Empfehlungen – soweit nicht bereits realisiert – für wichtig erachten und daraufhin auch umsetzen und nicht nur im operativen Alltagsgeschäft, sondern vor allem in der strategischen Unternehmensausrichtung. Wer diese umsetzt, Sie selbst als Unternehmer, die einzelnen Bereichs- oder Abteilungsleiter, ein geeigneter Controller oder ein externer Fachmann, ist von untergeordneter Bedeutung. Unerlässlich ist jedoch, dass Sie als Unternehmer die Umsetzung persönlich koordinieren und bis zur Zielerreichung verfolgen.

Dabei setzen besonders erfolgreiche Unternehmer ihre Prioritäten dreimal auf den Faktor Mensch. Denn begeisterte Kunden, motivierte Mitarbeiter und innovationsoffene Firmeninhaber legen gemeinsam den Grundstein zum Unternehmenserfolg und begleiten die dafür erforderlichen Geschäftsprozesse dort hin. In der Praxis stehen leider häufig die technischen Anlagen und Maschinen im Vordergrund, auf die man als Unternehmer besonders stolz ist, zumal sie oft hohe Investitionsausgaben abverlangt haben. Vorrang gegenüber dem physikalischen Betrieb sowie allen Methoden und Techniken sollte auf jeden Fall immer der Mensch bekommen, denn nur er kann kreativ sein und Veränderungsprozesse herbeiführen.

Natürlich sind auch alle Geschäftseinheiten, Abteilungen, Organisationsbereiche, Produkte, Fertigungsprozesse und Verkaufsgebiete zu durchleuchten und zu optimieren, denn diese sollten sich stets in einem kontinuierlichen Verbesserungsprozess befinden, worauf wiederum der Mensch, sprich Kunden, Mitarbeiter und Unternehmer entscheidenden Einfluss nehmen können.

© Springer Fachmedien Wiesbaden GmbH, ein Teil von Springer Nature 2018   55
W. Erk, *Strategisches Controlling, essentials,*
https://doi.org/10.1007/978-3-658-21071-7_20

Befolgen Sie dieses Strategische Controlling unter der Priorität der weichen Erfolgsfaktoren, dann wird sich auch bei Ihnen eine dauerhafte Gewinn- und Kapitalverbesserung vollziehen. Denn diese Art des Controllings setzt früher ein, verlangt daher weniger Verwaltungsaufwand und ist nachhaltiger als ein nur auf Zahlen basierendes Controlling, das oft in eine bloße Rationalisierung mündet, nicht selten einen schmerzhaften Personalabbau zur Folge hat und meist nur einen kurzzeitigen, aber nicht nachhaltigen Erfolg bringt.

Ihr Unternehmen wird daher nach der Umsetzung, der für Sie notwendigen Empfehlungen, auf einem sehr stabilen und zukunftsorientierten wirtschaftlichen Fundament stehen.

All das darf ich Ihnen nach 40 Jahren Controlling-Erfahrung in leitender Position, davon 10 Jahre als Fachberater in Sachen Kostenrechnung und Controlling, sowie auch als Fachbuchautor, auf Ihren persönlichen Erfolgsweg mitgeben.

Ich wünsche Ihnen viel Kraft bei der Umsetzung und einen nachhaltigen Erfolg!

Was Sie aus diesem *essential* mitnehmen können

- Durch eine vollständige Umsetzung der für Sie zutreffenden empfohlenen Erfolgsparameter werden Firmenimage, Kunden- und Mitarbeiterzufriedenheit, Produktqualität, Marktanteil, Umsatz, Gewinn, Liquidität und Eigenkapital verbessert und die Geschäftsrisiken verringert.
- Denken Sie als Firmeninhaber oder Geschäftsführer stets daran, dass begeisterte Kunden, motivierte Mitarbeiter und Ihr eigenes innovationsoffenes Verhalten, verbunden mit Teamarbeit, den erforderlichen Geschäftserfolg langfristig und nachhaltig sichern. Denn nur Menschen können Veränderungsprozesse herbeiführen.
- Es ist also Chefsache, dass all dies in diesem *essential* Dargelegte auch für notwendig erachtet und realisiert wird, denn nur dann stellt sich der besagte Erfolg ein. Ihr Unternehmen wird nachher auf ein zukunftsorientiertes, stabiles und rentables Fundament stehen.
- Controlling sollte, mit oder ohne Zahlen und unabhängig von Branche und Betriebsgröße, ein fester Bestandteil jeder Unternehmensführung sein. Wobei strategisches Controlling Priorität bekommen sollte, da es vorausschauend und somit effektiver ist als das traditionelle mit oft aufwendigen und komplexen Analysen und Zahlenauswertungen der Vergangenheit.

© Springer Fachmedien Wiesbaden GmbH, ein Teil von Springer Nature 2018   57
W. Erk, *Strategisches Controlling,* essentials,
https://doi.org/10.1007/978-3-658-21071-7